军队院校双员型教员队伍能力建设研究与实践

主编　宣兆龙　向凯全

国防工業出版社

·北京·

内 容 简 介

本书在对教师专业化发展进行深入解析的基础上，以强军目标对院校双员型教员素质要求为牵引，构建了军队院校双员型教员能力素质模型，探索了双员型教员能力素质生产路线，结合教员队伍建设实践论述了双员型教员队伍能力建设的模式方法，研究了双员型教员队伍能力建设机制，并对今后军队院校双员型教员队伍能力建设进行了展望。

本书能够为军队院校、训练机构的教学训练管理部门和人力资源部门的双员型师资力量建设提供参考，也能为普通高等院校双师型教师能力素质培养提供有效借鉴。

图书在版编目（CIP）数据

军队院校双员型教员队伍能力建设研究与实践/
宣兆龙，向凯全主编．—北京：国防工业出版社，2019.8
ISBN 978-7-118-11966-4

Ⅰ.①军…　Ⅱ.①宣…②向…　Ⅲ.①军队院校—
师资培养—研究　Ⅳ.①G451.2

中国版本图书馆 CIP 数据核字（2019）第 181911 号

※

国防工业出版社出版发行
（北京市海淀区紫竹院南路 23 号　邮政编码 100048）
三河市众誉天成印务有限公司印刷
新华书店经售

*

开本 710×1000　1/16　印张 13　字数 188 千字
2019 年 8 月第 1 版第 1 次印刷　印数 1—1500 册　定价 48.00 元

国防书店：（010）88540777　　发行邮购：（010）88540776
发行传真：（010）88540755　　发行业务：（010）88540717

本书编委会

主　编： 宣兆龙　向凯全

副主编： 王寅龙　史宪铭　张会纤　李　婷

参　编： 姜东昕　任新智　张　英　崔　静　张　玮　张伟召　曾春花　李　宁　陈智博

前　言

“百年大计，教育为本。教育大计，教师为本。”习近平同志深刻指出要全面提高师资队伍整体素质，以教学水平不断提高促进人才培养质量不断提升。新时期军队院校要努力造就能够担当强军重任的新型高素质军事人才，必须高度重视师资队伍建设问题，把提升教员队伍能力素质作为重要出发点和根本着力点。

军队院校要坚持“面向战场、面向部队、面向未来”办学，解决毕业学员“水土不服”等问题，必须要拥有一支晓于实战、善于教战的教员队伍。当前，军校教员任职经历相对单一，已在一定程度上成为制约军事人才培养质量的重要因素。因此，加强“教员+指挥员”的双员型教员队伍能力建设，着力解决教员队伍部队任职经历缺乏、指挥管理和装备组训能力不足等问题，成为近年来军校师资队伍建设研究的热点。在多年院校教育工作实践中，我们围绕双员型教员队伍能力建设这一现实课题，特别是针对“生成什么能力、怎样生成能力、怎样保障能力生成、怎样考评能力”等核心问题开展了体系化研究。研究提出了多层级复合式的能力素质模型，构建了交叉融合发展的能力生成路线，建立了“目标导向、资格认证、成长激励、考评促进”的全系统保障机制，在此基础上开展了双员型教员队伍教学能力建设相关实践。双员型教员队伍教学能力建设研究集能力素质模型、生成路线、制度机制、实践验证于一体，研究内容体系及方法为军队院校教员队伍建设提供有效参考和借鉴。

本书共分七章，由宣兆龙、向凯全主编。其中，第一章由张会纤、任新智执笔，第二章由史宪铭、姜东昕执笔，第三章由王寅龙、张英执笔，第四章由李婷、陈智博执笔，第五章由宣兆龙、向凯全执笔，第六章由向凯全、张玮、张伟召执笔，第七章由崔静、曾春花、李宁执笔。

本书研究和编撰过程中,参考了部分国内外相关文献资料,未在正文中一一标注,谨在书后参考文献中列出,并以致谢!由于水平有限,书中还存在许多不足,敬请广大同行和读者批评指正。

作　者

2019年3月22日

目　录

第一章

军队院校教师专业化发展

教员是军队院校的基础性、战略性和全局性资源，是教学的组织者和引导者，是教学信息资源的制作者、加工者和处理者，是影响院校办学水平和人才培养质量的关键性因素。军队院校转变办学职能、提高办学质量，必须把教员队伍的能力素质重塑作为重要出发点和根本着眼点。习主席明确指出，建设高素质教师队伍是院校抓好"三项基础性工作"的关键。军队院校要满足"面向战场、面向部队、面向未来"办学要求，解决毕业学员"水土不服"等问题，关键是要有一支综合素质全面、教战能力突出的教员队伍。

第一节　教师专业化发展综述

谈及教育，可以说教育改革的成败、教育质量的高低关键因素在于教师。联合国教科文组织曾在文件中指出：教师是变革的动力，是促进东西方之间、南北方之间相互了解的桥梁，是塑造新一代性格和思维的积极参与者。为此，联合国教科文组织总干事马约尔说，年轻一代的教育从来没有像今天这样需要教师竭尽全力，教师也从来没有像今天这样对于人类的未来具有如此重要的作用。

教师的任务是教育学生，教师不仅要注重研究教育教学规律，而且还要注重指导学生自由、全面、和谐的自我发展。教师既要成为学科知识领域的专家，也要成为教育教学领域的专家。只有这样，教师才能真正担负起培养新世纪人才的使命。鉴于此,教师已超出了通常意义上的职业特点,在具备职业特点的同时,教师更具有了“专业”性质。

一、教师专业化发展内涵

概念是反映事物本质属性的思维形式。为了确定本书的研究范围,同时也为了进一步阐明本书所涉及概念的内涵和外延,厘清与其他相关概念之间的关系,对本书相关的概念作如下分析。

(一)专业

“专业”一词最早是从拉丁语演化而来,原义是公开地表达自己的观点或信仰,而与之相对的一词是“行业”,意指中世纪手工行会对其行业专门知识和技能的控制,带有只传授给本门派人等规则性的神秘色彩。因此,后来德语中“专业”一词表达为具备学术、自由、文明特征的社会职业。

从语义学角度释义,“专业”一词在百度百科中解释为:①专门从事某种学业或职业;②专门的学问;③高等学校或中等专业学校所分的学业门类;④产业部门的各业务部分;⑤指对一种物质了解得非常透彻的程度。

从社会学角度释义,“专业”是基于专业知识和职业道德而建立起来的职业群体,它所提供的社会服务具有不可或缺的社会功能①。这一模式是以医生、律师等社会公认的成熟的专业作为理想模式,从中归纳出一系列的专业特质,判定哪些职业可归于专业。

1948年,美国教育协会曾提出了专业的八条标准:

(1) 含有基本的心智活动;

(2) 拥有一套专门化的知识体系;

(3) 需要长时间的专门训练;

(4) 需要持续的在职成长;

(5) 提供终身从事的职业生涯和永久的成员资格;

(6) 建立自身的专业标准;

---

① 曾荣光.教师专业组织、国家权力与科层权威:香港教师专业化路向分析[J].香港中文大学教育学报,1990,18(2).

(7) 置服务于个人利益之上;

(8) 拥有强大的、严密的专业团体。

1956年,美国学者马克·利伯曼进一步对专业进行了界定,他指出专业应当满足以下八个条件:

(1) 范围明确,垄断地从事于社会不可缺少的工作;

(2) 运用高度的理智性技术;

(3) 需要长期的专业教育;

(4) 从业者无论个人还是集体均享有广泛的自主性;

(5) 在专业自主范围内直接负有做出判断和采取行动的责任;

(6) 不以营利为目的,而以服务为动机;

(7) 形成了综合性的自治组织;

(8) 拥有应用方式具体化了的专业伦理规范。

这是一种结构—功能主义的界定,这种界定明示了作为“专业”的理想模型,也是目前国际教育界广泛运用的一种解释。

1984年,香港中文大学曾荣光教授综合了美国社会政策学者维伦斯基和古德的研究,提出了专业的七条核心特质和十条衍生特质①,专业的核心特质是:

(1) 一套有学术地位的理论系统;

(2) 一套与理论系统相适应的专业技术;

(3) 理论与技术的效能获得证实与认可;

(4) 专业知识具有不可或缺的社会功能;

(5) 专业人员服务具有忘我主义;

(6) 专业人员具备客观的服务态度;

(7) 专业人员的服务公正不偏。

其中前四个属于专业知识的范畴,后三个属于专业服务的范畴。专业的衍生特质是:

(1) 受过长期的专业训练;

---

① 曾荣光.教学专业与教师专业化:一个社会学的阐释[J].香港中文大学教育学报,1984,12(1).

(2) 专业知识是大学中的一门学科;

(3) 专业形成了垄断的专业知识系统;

(4) 有管理控制职业群体的自主权;

(5) 有制裁成员权力的专业组织;

(6) 专业人员对当事人有极高的权威;

(7) 对与其合作的群体有支配权;

(8) 专业人员对职业投入感强;

(9) 有一套制度化的道德守则;

(10) 获得社会及当事人的信任。

1989 年,美国学者科尔文等人则更直截了当地提出:“凡是称得上一门‘专业’的,必须是为公众服务,可以成为终身投入的事业;必须具有专门的知识和技能,非一般人可以轻易获得;必须能够投入大量的精力进行研究并将理论应用于实践中;必须有足够长的专业受训时间,对工作和顾客负责并注重服务质量。”

综上所述,“专业”与“行业”“职业”是有区别的。“行业”一般指其按生产同类产品或具有相同工艺过程或提供同类劳动服务划分的经济活动类别,如饮食行业、金融行业、移动互联网行业等①。“职业”是参与社会分工,利用专门的知识和技能,为社会创造物质财富和精神财富,获取合理报酬,作为物质生活来源,并满足精神需求的工作。简单地说,职业=职能×行业,这样才能算是一个完整的职业②。而“专业”则强调专业人员应具备道德理想,应时时将追求社会利益和社会责任等放在第一位,如医生要追求健康、律师要追求公正。由此可见,“专业”是行业分工、职业分化到一定阶段的结果,是社会进步的一种标志。“专业”既是一种职业,一种谋生的手段,更是一种追求对社会做出贡献的工作。而就职业而言,也并非所有的职业都能成为专业;职业最终能否成为专业,与其社会认可度密切相关。只有从部分职业群体中分化出来,并被社会认可的才称之为“专业”③。

---

① http://wapbaike.baidu.com.

② http://wapbaike.baidu.com.

③ 曾荣光.教学专业与教师专业化:一个社会学的阐释[J]. 香港中文大学教育学报,1984,12(1).

（二）专业化

专业化是一个社会学概念，其含义是指“一个普通的职业群体在一定时期内，逐渐符合专业标准，成为专门职业并获得相应的专业地位的过程”。自从人类社会出现了各种职业后，各种职业之间的高低及贵贱之别就成为人类社会中的普遍现象。到18世纪，在欧洲部分职业群体更从诸多职业中分化出来，被社会认可为“专业”。由于那些被社会认可为专业的职业群体一方面对社会有不可或缺的功能，社会赋予从业人员极大的责任并提出了很高要求；另一方面，从业人员在掌握专业知识和技能、履行社会职责过程中要花费更多的社会必要劳动时间，因此专业群体拥有更多的社会地位资源，如权力、工资、晋升机会、发展前途、工作条件、职业声望等，换言之，能占据社会分层中的较上层。因此，对于一些新兴职业来说，其专业化的过程就是提升职业群体社会地位的过程。

在某一个职业逐步专业化的过程中，一些带标志的专业标准也会逐步形成，那么，专业化的标准或要求是什么呢？英国学者凯尔·桑德斯认为，专业化并非只强调专业技能，还有其独立的职业性管理架构和职业体系。他指出，专业化包含以下五个方面：

（1）专门的技能和训练；

（2）最低服务收费或工作报酬的机制；

（3）专业团体的地位；

（4）一套管制专业人士；

（5）行为的道德操守。

美国社会学家霍尔曾经对现代工业17门行业进行调查，指出专业化有以下特征：

（1）掌握理论知识；

（2）解决问题的能力；

（3）实践知识的运用；

（4）为了理察事理而进行超越专业的自我进修；

（5）在基本知识和技术上的正规教育；

（6）给胜任工作者授予证书或其他称号；

(7) 创建专业的亚文化;

(8) 合法地强化专业特权;

(9) 公众对某种独特角色的认可;

(10) 处理各种问题时合乎伦理的实践和程序;

(11) 对不符合标准的行为予以惩处;

(12) 与其他行业的联系;

(13) 与用户的关系。

由以上可以看出,职业化是专业化的初级阶段,专业化是职业化发展的结果。专业化必须是一个普通职业经过一段时间后不断成熟完善,逐渐达到专业标准,并能够在社会上获得一定专业地位的过程,其实质可称为"一场专业化建设运动"。它一方面强调要确立专业化地位,另一方面要建立与之相应的衡量标准。因此"专门化""规范化""系统化"可以说是"专业化"的重要条件。"专业化"具体包括:专业的体系化知识,形成专门的专业标准,有社会公认的专业团体,具备专门的培训机构和相关培训课程,有专门的资格认证制度和管理机构等。

(三) 教师专业化

关于"教师专业化"这一概念,最早是在 17 世纪由基森大学的两位教授提出的,但是他们没有对其内涵做出界定;1963 年,《世界教育年鉴》以"教育与教师培训"为主题,提倡教师专业化;随后 1966 年,联合国教科文组织与国际劳工组织发表《关于教师地位的建议》,第一次以正式文件的形式对"教师专业化"做了明确说明,提出应该把教师职业视为专门职业对待①;同年,日内瓦国际劳工统计专业会议通过了《国际标准职业分类》,教师被列入"专家、技术人员和有关工作者";1973 年,英国学者詹姆斯·波特提出了三段式教师教育的设想,即普通高等教育阶段、教育专业阶段和在职进修阶段。之后,教师专业化成为世界教师教育的重要发展方向,进一步推动和促进了教师教育的发展和教师社会地位的提高。1996 年,联合国教科文组织召开的第 45 届国际教育大会以"加强变化世界中的教师的作用"为主题,提

① (日)筑波大学教育学研究会.现代教育学基础[M].钟启泉,译.上海:上海教育出版社,1986.

出“在提高教师地位的整体政策中，专业化是最有前途的中长期策略”①。那么究竟什么是教师专业化呢？

《培格曼最新国际教师百科全书》中指出：“教师专业化是指教师个人成为教学专业的成员并且在教学中具有越来越成熟的作用这样一个转变过程。”

美国学者霍利曾明确地把教师专业化界定为两个方面的内容：一是关注一门职业成为专门职业并获得应有的专业地位的过程；二是关注教学的品质、职业内部的合作方式，教学人员如何将其知识技能和工作职责结合起来，整合到同事关系以及与其服务对象的契约和伦理关系所形成的情景中。

目前，美国卡内基财团组织的“全美教师专业标准委员会”制定的《教师专业化标准大纲》，进一步对教师专业化进行了明确的标准化界定，对教师提出“学生—知识—管理—研究—合作”五项要求，这也是迄今为止较好地界定教师专业化标准的一份文件。

(1) 教师接受社会的委托负责教育学生，照料他们的学习——认识学生的个别差异并做出相应的措施，理解学生的发展与学习的方法，公平对待学生，教师的使命应超越学生认知能力的发展；

(2) 教师了解学科内容与学科的教学方法——理解学科的知识是如何创造的，如何组织、如何同其他领域的知识整合的；能够运用专业知识把学科内容传递给学生；形成掌握知识的多种途径；

(3) 教师负有管理学生的学习并做出建议的责任——探讨适于目标的多种方法，注意集体化情境中的个别化学习，鼓励学生的学习作业，定期评价学生的进步；

(4) 教师系统地反思自身的实践并从自身的经验中学到知识——验证自身的判断，不断做出选择；征求他人的建议以改进自身的实践；参与教育研究，丰富学识；

(5) 教师是学习共同体的成员——同其他专家合作提高学校的教育效果，同家长合作推进教育工作，运用社区的资源与人才。

1989—1992年，经济合作与发展组织(DECD)又相继发表了一系列有

① 马立.关于教师教育的专业化问题[J].中国大学教学,2001(6).

关教师及教师专业化改革的《教师培训》《学校质量》《今日之教师》《教师质量》等研究报告，提出“在提高教师地位的整体政策中，专业化是最有前途的中长期策略。”由上可见，教师专业化过程贯穿于教师整个生涯之中。一方面，在教师专业化整个“动态”发展过程中，教师需要不断地调整自己的教育观念和价值取向，不断地丰富自己的学科专业知识和技能，并将其最大限度地转化生成教学能力，在发展过程中保存活力；另一方面，在长期与教育教学环境的互动过程中，教师专业资格证书和教师专业工作规范等一些带有标志性的专业标准也会逐步形成，随之才会取得相应的专业地位。因此可以说，教师专业化不仅是一种认识，更是一个奋斗过程；不仅是一种职业资格的认定，更是一个终身学习、不断更新的自觉追求①。

专业化进程必须放在整个社会背景中考虑，使之成为整个社会的职责，以合作的方式，争取社会各界的支持，因为教育事业是关系到整个社会的事业，教师专业化的结果，也必须获得社会的认可才能成功。教师职业有自己的理想追求，有自身的理论武装，有自觉的职业规范和高度成熟的技能技巧，具有不可替代的独立特征。教师不仅是知识的传递者，而且是道德的引导者，思想的启迪者，心灵世界的开拓者，情感、意志、信念的塑造者。教师不仅需要知道传授什么知识，而且需要知道怎样传授知识，知道针对不同的学生采取不同的教学策略。教师专业化是个内涵不断丰富的过程。霍利曾明确地把教师专业化界定为两个方面的内容：一是关注一门职业成为专门职业并获得应有的专业地位的过程，二是关注教学的品质、职业内部的合作方式，教学人员如何将其知识技能和工作职责结合起来，整合到同事关系以及与其服务对象的契约和伦理关系所形成的情景中。当前教师专业化更多地集中于教学专业化的内涵发展上，并且其内涵越来越广泛。

教师专业化是教师个体专业不断发展的过程，它本质上是个体成长的过程，是教师不断接受新知识、增长专业能力的过程。教师要成为一个成熟的专业人员，需要通过不断学习与探究来拓展其专业内涵，提高专业水平，从而达到专业成熟的境界。教师专业化既是一种认识，更是一个奋斗过程，

---

① 李玉. 角色冲突：影响思想政治理论课教师身份认同的主因[D]. 华中科技大学硕士学位论文，2008.

既是一种职业资格的认定，更是一个终身学习、不断更新的自觉追求。

二、教师专业发展与教师专业化

（一）教师专业化发展

发展是事物由小到大、由简单到复杂、由低级到高级的变化过程。当前教师专业发展成为教师职业的新形态被提到日程上来，是因为时代对教师职业提出了比以往更高的要求，这是社会发展、进步的结果。回顾人类历史发展的漫长历程，我们就会发现，教师职业经历了一个萌芽、产生、发展，从经验化到专业化的发展过程，即从原始社会的不分化“耳濡目染”型“教师”，到“以吏为师”“以僧为师”，到师范教师教育产生和发展，以及到今天的教师专业化的历程。这个发展历程是伴随着人类社会的发展、进步而发展的。在传统社会里，教师是一个相当自由的职业，没有培训和考核的要求，只要有知识和兴趣，任何人都可以开馆设学，教学是一种纯粹的仅凭教师个人经验的随意的教育行为。那些由政府设立的官学，也是以官吏或僧侣为师。然而，随着工业革命的发展，社会对劳动者的素质提出了新的要求。这时，教育第一次成为公共事务，政府对教师教育的干预也提到了议事日程上。于是一些国家通过立法或行政手段，创立培养教师的正规机构，规定教师任职资格，大力举办师范教育，使教师教育逐步走向正规化、制度化。教师专业发展是教师作为主体的主动发展过程。成为教师是人生的一次旅途，而不是目的地，在这个路途中，教师需要终身学习，这一学习的过程，就是教师专业发展的过程。教师专业化发展就是指教师专业化水平不断提高的过程，其包括两方面内涵：一方面是教师个体专业化成长的过程；另一方面是教师群体专业化地位被认可的过程。两者共同构成了教师专业化发展，其中教师个体专业化是教师群体专业化的基础，而教师群体专业化又是教师个体专业化发展的最终目标。

教师专业发展是教师寻求专业化的过程。对于教师专业化发展，不同的学者之间有不同的理解，甚至不同国家的学者之间的理解也有所差异。有的学者认为教师专业发展是“教师个人在经历职前师资培育阶段、任教阶段和在职进修的整个过程中都必须持续地学习与研究，不断发展其专业内涵,逐渐达到专业圆熟的境界。”有的学者认为教师要成为一个成熟的、符合教师标准的专业人员,需要经过不断地学习、实践,在拓展专业内涵的基础上,提高专业知识和专业技能,逐渐达到专业的成熟,这样的一个历程几乎是没有终结的,将贯穿教师整个职业生涯的始终。我国学者倾向于把教师专业发展理解为教师的专业成长或教师内在专业结构不断更新演进和丰富的过程。依据我国学者的理解,教师专业发展从教师专业结构来看,涉及观念、知识、能力、专业态度和动机、自我专业发展的需要意识等不同侧面。教师专业性发展的具体内容是专业理想的建立、专业知识的拓展、专业能力的发展和专业自我的形成。教师专业发展的核心是教师专业素质的发展,对教师专业素质的理解不同、把握不同,则对教师专业发展的关注也不同。国内外学者对“教师专业发展”这一概论主要有三种理解:第一种是指教师的专业成长过程;第二种是指促进教师专业成长的过程;第三种兼含以上两种理解,认为教师专业发展是一个过程,是教师内在专业结构不断更新、演进和丰富的过程;教师专业发展也是一种目的,它帮助教师在受尊敬、支持、积极的氛围中促进个人的专业成长;教师专业发展,还是一种成人教育,增进教师对工作和活动的理解。它关注教师对理论和实践的持续探究本身,关注教学工作在社会发展和个人生活中的意义。

由此看来,教师专业化发展的内涵也是多领域和多方位的。教师专业化发展强调教师作为一个发展中的专业人员,既包括了教师内在专业结构不断更新、演进和丰富的过程,也涵盖了作为一个教师的职业理想、职业道德、职业情感、社会责任感不断成熟、不断提升、不断创新的过程。因此,在考察教师专业化发展的过程中,不仅要关注教师的专业素质和技能水平,也要关注教师的知识涵养、精神文化和心理健康等方面。

基于上述分析,我们认为:教师专业化发展其实质是教师在承担社会职责和使命要求的基础上,树立教师专业理想、提高教师专业技能,自觉关注并提升自己的可持续发展力的过程。这个过程既是“教师个体和教师群体”这两个主体共同努力的过程,也是教师个体专业化发展获得社会认可,教师群体专业化发展最终走向成功的过程。这里面既有主观努力的因素,即教师具有自我发展的意识和动力,自觉承担专业发展的主要责任,通过不断学习、实践、反思、探索,使自己的教育教学能力不断提高,并不断向更高层次的方向发展。它强调教师是专业发展的主人，并对自己的专业发展负责。又有外部客观环境的改善做基础，即教师通过自身乃至群体的改变，影响社会环境的变化，获得相应的社会声望和社会认可。

（二）教师专业发展与教师专业化的关系

关于“教师专业发展”与“教师专业化”的关系，目前有三种不同的观点。第一种观点是从广义的角度来分析，“教师专业化”与“教师专业发展”这两个概念是相通的，即将“教师专业发展”等同于“教师专业化”，认为“教师专业发展就是教师专业化的过程”。第二种观点认为，“教师专业化”和“教师专业发展”不是同一概念，这主要从狭义的角度说，认为“教师专业化”更多是从社会学角度加以考虑的，主要强调教师群体的、外在的专业性提升；“教师专业发展”更多是从教育学维度加以界定的，主要是教师个体的内在的专业化提高。这两个不同的思维角度是随着教师专业发展研究进程而不断明晰的。第三种观点认为，“教师专业化”包含着“教师专业发展”，持这种观点的人一般将专业化划为两个维度，地位的改善与实践的改进。“前者作为满足一个专业性职业的制度，进而从地位方面要求的过程，将教师职业作为一个职业，在多大程度上获得了作为专业性职业的地位问题。后者作为通过改善实践者的知识和能力来改进所提供服务的质量的过程，关注的是教师在展开教育行为时使用了多少专业知识技术问题。前者尽管因社会而有所不同，但一般包括强化分界、提高学历要求、建立自我管理团体等一些要素，后者的专业化实际上等于专业发展”。

教师专业发展是教师专业化的核心内容，它是指教师作为从业人员在整个职业生涯中不断学习专业理论知识，进行专业技能训练，不断提升专业素养，促进专业发展，由非专业人员变为专业人员的过程，即教师由一般的从业人员成长为专业人员的过程。教师专业发展有两种可能的形态，一是技术型专业发展，即以生产效率为基本指标，把教师训练成为操作课堂教学机器的熟练技工；二是反思型专业发展，即培养教师学会对自己的课堂教学实践进行反思，并能够与同事交流，在反思和交流中形成自己的教学风格和熟练的教学技能。应该说，后者才是教师专业发展应有的形态。

值得一提的是“教师专业化发展”也是我国学者常用的一个术语，但在绝大多数情况下,其内涵等同于教师专业化。也有人从“教师社会化”的历史演变进程的维度上来使用“教师专业化发展”这一概念,但为数极少。

事实上,“教师专业发展”这一概念暗含了对教师这一职业的阐释。首先我们搜集到的有关“教师专业化发展”的文章中,绝大多数都是按“教师专业化”等于“教师专业化发展”的认识来论述问题的。根据已有的文献,我们可以总结出,教师的专业发展是一个动态的过程,主要是指教师在严格的专业训练和自身不断主动学习的基础上,逐渐成长为一名专业人员,并在其职业生涯中通过创设良好的成长环境和自身的终身学习,达到专业成长、成熟的过程。国外趋向把教师职业的专业过程划分为两个方面或两个阶段,即教师专业化与教师专业发展。两者可以从个体与群体、内在与外在两个维度加以区分,教师专业化强调教师群体、外在的提升,是教师入职之初的要求,而教师专业发展则是教师个体的、内在的专业性提高,是教师从教过程中专业提升的过程。通过对文献的归纳和辨析,本人认为,教师的专业发展与成长过程本身就包含了最初的教师专业化,同时教师的专业发展的实现不仅需要教师自身主动的学习和努力,以促进和提升自己的专业能力,而且要创造良好的外部环境,这是教师专业发展必不可少的重要条件。

本书所指的“教师专业发展”即是,教师在外部引导、激励以及创设的环境中,通过自身的主动学习和努力,提升和发展自己的专业能力。

三、国外教师专业化发展概况

世界各国教师发展均是从解决教师“量”的急需到解决教师“质”的需求而发展变化,逐步使教师专业化日趋成为人们关注的焦点,也成为当今世界教育发展的一种趋势。下面,我们简单介绍几个典型国家的教师专业化发展情况。

(一)美国教师专业化

美国对教师教育一直十分重视。为保证教师教育质量,1954 年,美国专门成立了全国师范教育认可委员会,该委员会的宗旨是:确保被认可教师的培养计划达到全国要求的质量标准;确保美国拥有经过良好训练的教师,对青少年进行教育;改进师范教育课程的教育计划,提高教育的专业水平;为各州之间的互换聘任教师提供必要的依据等。

1965 年,美国《高等教育法》又明确了各地应加强教师进修培养。美国教师在职进修方法多种多样,包括攻读课程、学位、暑期学校、师资培训日、讲习班、研讨会等。为鼓励教师的继续教育,美国政府部门和一些基金会设立了专门的教师进修奖助金;美国有些州规定,教师在职进修的费用全部由州政府承担,并可获得加薪;还有些州规定,教师在职进修是教师资格延续的必要条件。这些规定都有效地保证和推动了美国教师在职进修培养。

20 世纪 70 年代,美国正式开始提出教师专业化的口号。1976 年,美国教师教育大学联合会报告预言,教学能够并将自我实现为专业。1986 年,美国霍姆斯协会发表《明天的教师》报告,美国卡耐基教育促进会发表《国家为 21 世纪准备教师》报告。这两份报告对美国教师专业化发展产生了深远影响,并确立了教师的专业地位。报告中提出了培养教师应达到专业化的标准,进而提出以教师的专业性作为教师教育改革和教师职业发展的目标。随后,美国教师专业化发展运动对国际社会特别是西方社会的教育产生了巨大影响,诸多国家将教师专业发展纳入了国家教育战略政策。

此外,美国教师专业化发展的一个重要标志就是开启了教师资格证书制度。教师资格证书是聘任和应聘教师的合法依据,它使教师职业和医生、律师等一样成为一个经过专门训练才能获得的专业性岗位。美国学校聘任教师,必须聘任持有效证书的教师,而应聘的教师必须持有效证书才能任教。除此以外,教师资格证书还分为短期证书、专业证书、长期(终身)证书,不同期限的证书反映了证书等级的区别。美国的教师资格证书制度,既保证了教师培养的质量,提高了教师的职业地位,又明确了教师证书在学校系统中的地位,更重要的是为社会各界人士进入教师队伍开辟了一条途径,使教师职业成为充分社会化的职业,对于提高教师专业地位,促进教师专业化建设发挥了重要作用。

(二) 英国教师专业化

1918 年,英国第一次提出了教师“继续教育”的概念;20 世纪 70 年代,建立起了现代教师培养制度,1972 年发表的《英国政府教育规划白皮书》和 1976 年发表的《教育绿皮书》分别对教师的在职培训做了规定;1988 年,英国又颁布《教育改革法》建立了全国标准培训课程和统一的评审制度;1991年,英国全国课程改革委员会明确把教师专业化发展列入了学校发展和校长工作计划。

英国教师队伍培养一般分为两类:一类是四年制的教师培养,另一类是一年制的教师专职培训(先取得三年制各种专业的第一学位后,再进行教师专职培训)。其后,对任职教师进行四个阶段培训:岗前培训、任教第一年的入职培训、任教第二和第三年的早期专业发展培训、继续专业发展培训,最终形成一个较为完善的教师专业化发展系统。

20世纪80年代后,英国将教师教育置于重要位置,提高了报考教师的入学条件,同时延长了教育实习的时间,增加了教育实习的内容,进一步加强了教师专职培训的形式,如学历进修、提高专业性的研讨和讲座等。与此同时,英国政府还制定了一系列的措施鼓励教师进修,比如每五年在非教学时间内可脱产带薪进修一学期,在职进修将与教师的晋级或加薪相结合。这些措施都大大地提高了教师进修的积极性,推动了教师专业化的进程。

为了进一步从制度上确保教师的质量,英国实施确立了教师资格证书制度。教师资格证书制度规定:只有在英国教育行政部门取得教师资格证书的教师,才能在公立学校任教,同时还要通过学校组织的英语和数学考试,经过一年试用后,考核合格者才能被学校正式聘任。随着教师聘任制和教师证书制度的实施,英国教师专业化进程不断加快,20世纪80年代末英国确立了旨在促进教师专业化发展的校本培训模式,1998年英国教育与就业部又颁布了《教师教育课程要求》,是一个新的教师专业性认可标准。

(三)法国教师专业化

1684年,法国天主教会的“基督教兄弟会”开办了训练小学教师的讲习所,开创了法国教师培养的先河,可视作教师培养的起点;1972年,法国教育部和全国初级教师工会发表了《关于初等教育教师终身教育基本方针的宣言》,该文件指出教师培养是一个包括职前培养和职后培训的完整概念,同时明令各省制定在职教师进修的工作计划,要求凡不满50岁的所有不同资格的教师,都要参加在职教师进修;1982年,法国政府又公布了一份有关教师教育的报告,再次强调在职教师培训的重要性,建议把以往教师职业生涯中为期1年的带薪休假时间增加一倍，以增加更多的培训时间；1988年，法国公布了《勒逊报告》，该报告针对21世纪法国社会与教育所需要的教师形象，从专业素养、创造能力、工作成就和个人品质四个方面进行了具体的描绘；1989年，法国颁布了《教育方向指导法》，这是法国进行的最为重大的一次教育改革，确定了在全国各大学区设立教师培训学院，也成为法国教师专业化运动的重要特征。

从20世纪90年代开始，法国政府运用一系列措施加大推进教师专业化发展，新设立了教师教育机构——教师培训学院（简称IUFM），负责教师素质的培养与教师培训、继续教育等工作，逐步把教师的职前教育和职后教育统一起来。法国教师职前培养一般为五年，即先在大学进行两年的学习，大学毕业后进入教师培训学院学习两年，学习结束后通过参加考试来获得教师资格。进入教师培训学院之后，更加重视教师的实践能力培养，一般分为三个阶段：首先是观察实习，让这些未来的教师与在职教师一起工作，深入到学生当中了解学校的运营、管理及教学情况；其次是在有经验的教师指导下进行少量的教学活动，使其对教学有更深入的了解；最后是在指导教师的帮助下独立开展一些教学和管理活动。教师培训学院的这种培养模式，大大提高了教师的教学水平，有效提高了教师培训的效果。

法国政府在注重教师培训的同时，也注重加大经费投入。20世纪80年代末至90年代初，法国政府先后两次大规模提高教师的工资，还增设了特级工资、工资以外的津贴和补贴，以及鼓励教师带薪培训等。目前，法国教师属于国家公务员，从进入师范院校学习开始就可以享受工资待遇，收入有保障，福利待遇优厚，享有较高的社会地位。

（四）德国教师专业化

德国是世界上开展教师培训较早的国家之一，也是当今世界上教师专业化发展比较完善与发达的国家。在德国，有组织的教育培训最早可以追溯至中世纪手工业行会组织的传统学徒制；19世纪随着德国工业化进程不断加速，出现了新兴的职业学校和职业教师；1834年，卡尔斯鲁厄综合技术学校（卡尔斯鲁厄综合技术大学的前身）开始为教师开设培训课程，这是教师第一次得到了比较系统科学的教育培训；1913年，普鲁士地区开始以一种研讨班的模式来专门培养教师,推动了后期教师专业化的发展。

1922 年,德国职业教育教师联合会通过了一系列关于现代教师教育体系的原则,并将教师教育分为两个阶段:第一个阶段是大学学术性课程的学习,以“第一次国家考试”的结束为标志;第二个阶段是实际教学,以“第二次国家考试”结束为标志。同时,教师联合会提出教师培训要以更为全面的理论知识为基础,提倡教师教育专业化①。到了 20 世纪 70 年代,德国把教师教育的地位与作用提高到历史上从未有过的高度,德国联邦政府出台《1970 年教育报告》,提出必须重视教师的继续教育,同时教师的继续教育要向着一体化、组织化、体系化、科学化方向发展。2001 年 11 月 29 日,德国联邦政府又颁布《教师论坛建议书》(Arheisstah Forum Building),指出教师在加强教育学科、专门学科以及教育理论和实践经验的基础上,还应强化专业发展机制。这也标志着德国教师教育进入了第三个阶段,教师教育要适应时代的需求,发展教师自身适应急剧变化的各种能力。

在德国,完成了职前教师教育并获得教师资格,且走上教师岗位之后,仍需要继续接受教育,以不断保持专业发展。目前,教师在职培训也成为各州法定的义务。从教师培训形式来看,纵向上德国采取了州、区、县“三层培训”,即州培训时间较集中,采取短期脱产或半脱产进行培训;区培训采取每周脱产学习一天进行培训;县培训实施不定期的下午学习,以不影响教师的本职工作;横向上德国采取了较有特色的逐级培训的网络模式,即各州的教师培训与相关学院、教科所合作,制订教师培训计划。同时,挑选学科专业和教学方法较强的、能够主动积极参与和培训活动热情的教师作为基层培训人员,学院以抓住这些人员进行培训,然后让他们分散到各下属单位像滚雪球一样再去培训其他老师。在培训过程中,偏于实践操作,强调培训人员的参与和交流②。

当前,德国教师属于公务员性质,享有较高的社会地位。政府给予教师较高的经济待遇,收入由工资、地区补贴、婚姻子女补贴、职务补贴等部分构成。教师退休后,可领取相当于工资总额 75% 的退休金。这些措施,使教师

---

① 孙祖复,金锵,王建初.德国职业技术教育史[M].杭州:浙江教育出版社,1999.

② 祝怀新,潘慧萍.德国教师教育专业化发展探析[J].比较教育研究,2004(10).

在德国成为一个令人羡慕的职业。但是，成为一名教师要经过严格的教师选拔，初任教师在 3 年试用期后，要经过地方教育局督学及校长考核合格后，才能取得永久的国家公务员资格。此外，教师还须接受定期(4 至 6 年一次)的评估。

（五）日本教师专业化

在世界范围内，日本是提出教师"专业化"较早的国家。20 世纪 60 年代，日本先于联合国教科文组织认为"教师职业是一种专业"，明确提出教师肩负有"教育下一代的专业性使命"①。"教师教育"的概念，在日本最早是由学者三好信浩于 1972 年提出的，目的在于强调教师职前培养和在职培训相统一的必要性，最终要实现教师培养终身化。日本教育界也很快把这一概念固定下来，取代了战前"师范教育"与战后"教师养成"的称谓。

二战前，日本效仿德、法等国师范教育的模式，建立专门的师范学校，实行封闭型师范教育。二战后，日本把封闭式的师范教育体制改为开放型教师培养教育制度，从幼儿园到大学的师资全部由大学培养。同时，日本法律明确规定，教师任职期间应接受不间断的培训。日本教育部门在为教师提供进修机会的同时，还鼓励教师通过自身努力来完成进修教育博士、教育硕士的计划。1971 年日本在中央教育审议会通过的《关于今后学校教育的综合扩充与调整的基本措施》中指出，"教师职业本来就需要极高的专门性"，强调应当确认、加强教师的专业化。20 世纪 70 年代末 80 年代初，教师教育"专业化"成为日本教师专业化的重点，日本教师教育加强了教师作为专业人员所需的素质能力培训，包括坚定的信念、对学生心理的理解，以及不间断地学习专业知识、掌握专业技能，使教师能够在专业化发展中不断成熟成长。

1987 年，日本教师教育审议会发表咨询报告《关于提高教师素质能力的方针政策》，提出了加强教师的专业性、实施新任教师为期一年的研修制度和充实在职教师的研修体系等改革方案。这些举措为新一轮的教师教育改革提供了理论和政策方面的保障。1998 年，《教师资格证书法》修改公布，

① 金龙哲.试论日本关于教师职业的争论[J].外国教育研究，1991(1).

提出要“转变教师标准的观念”，提出教师不仅是知识的传授者，更重要的是思想的启迪者，信念、意志的塑造者。教师教育现场要充分体现关怀、欣赏和鼓励，教师在传授知识的同时，还要学会与学生沟通，把握教育管理的策略，进而成为不断学习、自觉更新的反思型教师。

日本教师培训走的是一条系统、专业化发展的道路，形成了由高等学校培养教师、授予教师资格证书、通过国家教师任用考试、加强在职进修、不断提高教师职业地位的教师专业化建设制度，从而保障了日本教师的高质量，并保持了教师极高的社会地位和职业声望。

四、国内教师专业化发展概况

我国对教师专业化发展问题很早就予以了极大关注。本节简要梳理了我国教师发展、教师教育发展再到教师专业化发展的过程，并结合世界教师专业化发展情况，探析了当今教师专业化发展的趋势。

（一）教师发展现状

改革开放以来，我国高等教育有了突飞猛进的发展，高校教师作为高校的核心竞争力，发挥着重要的作用。在高等学校中，各个岗位的教师在自己的岗位上各司其职，尽力做好自己的工作。目前，我国各所高等院校间的竞争尤其激烈，在不断完善和改进教学硬件的同时，也要提升学校的软实力，即高校教师的自身发展。高校教师发展关乎自身水平，同时也影响高校质量。

近几年，随着国家对高等教育投资力度的加大以及社会快速发展的需要，高校人事制度的改革也随之发生变化。根据工作性质，我们可以将高校岗位大致分为教学科研岗、实验技术岗、行政管理岗以及公勤技术岗等。

高校教师的发展决定了高校的社会地位和办学质量，因此在改善学校硬件设施的同时，高校不能忽略对教师的培养和教师自身发展。然而，很多高等院校存在着明显的教师发展不均衡的现象。

(1) 教学科研岗教师面临着教学和科研的双重压力，在教学的同时还需要做好科研工作。在教学方面，教师每学期要承担一两门课程，不低于一定的教学任务。然而，目前很多高校大学生上课流于形式，玩手机现象特别严重，却要在学期中或学期末给授课教师打分，这明显加大了教师的上课压力。在科研方面，很多高校要求青年教师每年完成一定的科研项目和发表一定数量的学术论文。另外，随着高校对教学科研岗教师晋升职称的要求越来越高，如评审副高职称必须申请到一定的纵向项目，如国家自然青年基金、省自然科学青年基金等，而且项目经费不能少于30万元，还要发表一定数量的高水平学术论文；在评审高级职称的时候，教师必须申请到国家自然科学基金面上项目等，项目总经费达到100万元以上，并且要在国内外期刊上发表一系列高水平学术论文。

（2）实验技术岗教师除了要做好教学和科研的服务工作，自身还需要承担教学和科研任务，工作压力大，但各项项目的申请机会较少。另外，由于实验技术岗位的特殊性，实验技术岗教师还需要提升自身的学历水平才能适应学科和社会的发展。

（3）行政管理岗教师每天面临着烦琐的工作，一直为学校师生无私奉献着，经常加班处理琐碎的事情，但是工作没有创造性，没有晋升压力，却在职称评审时设置较高的条件和要求。

在各大高等院校中，不同岗位高校教师面临着各种各样的问题和压力。教师要用积极的心态面对工作中存在的压力，努力让自身越来越适应社会发展需要。此外，随着党的十九大的召开，国家对于高校教师发展的关注和支持越来越多，他们面临的机遇和挑战并存。

（二）教师教育发展现状

综合大学教师教育在发展过程中形成了不同的发展模式，每一种模式都有其自身的优势，但也存在着一定的不足。如何吸取综合大学教师教育不同发展模式的历史经验，客观地认识和评价综合大学教师教育的办学优势与不足，对于综合大学教师教育的健康发展具有重要的现实意义。

1. 综合大学教师教育发展的主要模式

从世界教师教育的发展来看，开放型教师教育的格局已基本形成。在大多数国家，特别是发达国家，综合大学成为教师培养的主体。在教师教育走向开放型体制的过程中，大致形成了三种不同模式。一是师范院校合并进入主要的综合大学，成为其中的教育学院。教育学院具有同其他学院平等的尊严,教育学科与其他学科具有平等的地位。这类大学由于特别重视学术研究,强调学术自由,因而比较轻视基础教育实践,淡化教师职业引导。二是师范院校升格或转变成综合性大学,其中教育学院起领导作用并决定学校的办学精神。这类大学保持了教师教育的传统,注重教育实践和教师养成,但对于一些基础学科领域,如数学、物理、化学、语文等学科教师的培养显得不足。三是师范学校并入大学级别的独立学院,并与大学合作开展教师培养。这类学院同大学的其他学院是分开的,具有独立的地位,但又保持着平等的尊严,因而特别重视教育领域及其相关学科,但对于大学有着很强的依赖,特别是一些基础学科教师的培养。对于教师教育迈向大学化发展的三种模式而言,各有其优势,但也都存在着自身的不足。从保证教师的稳定供给而言,第三种模式显然优于第二种,第二种模式又明显优于第一种。但从保证教师的学术基础而言,第一种模式显然优于第二种,第二种模式又明显优于第三种。从发展趋势上讲,第一种教师教育模式越来越显示其优势,一方面是因为当今世界的社会变革不断加快,社会发展对劳动力的知识水平和创新实践提出了更高要求,教师必须不断提升其学术水准和探究能力才能真正满足社会变革对人才培养的需要;另一方面,综合大学也在不断总结教师教育的发展经验,在继续强化其学术自由和专业价值观的同时,不断加强教育实践训练和教师职业引导,以提升教师培养的现实针对性和职业竞争力①。

2. 综合大学教师教育面临的挑战

从我国的现实情况看,随着教师教育从单一、定向的封闭型培养体制向多样、非定向的开放型培养体制的转变,一些师范院校合并到综合大学,成为综合大学的一部分,教师教育只是大学众多人才培养领域的一小部分;一些师范院校通过与其他高校合并成为综合大学,教师教育仍然保持其主体地位;一些综合大学相继建立教育学院或者教师教育学院,积极参与教师教育的人才培养。目前,我国综合大学的教师教育主要存在以上三种模式,这与国际上教师教育大学化的发展状况有许多相似之处。通常而言,综合大学的教师教育存在着三个方面的优势:一是综合大学的多学科性可以为教

① 何茜.综合大学教师教育发展的现实问题与路径选择[J].教育研究,2013(11).

师教育提供一个学科交融的文化环境，能够为教师培养提供更加开阔的视野和更加宽广的知识基础，为优质师资的培养奠定更加牢固的综合基础；二是综合大学的学术性可以为教师培养提供更多知识探究的条件和科学研究的氛围，使教师培养具有更加坚实的理论基础和创新潜能；三是综合大学的社会适应性可以为教师培养提供与社会深度联系的有效机制和社会适应的广阔空间，使教师培养能够更好地贴近社会发展和社会生活实际，培养学生的社会适应能力和自我发展能力。但就我国目前综合大学的教师教育而言，如何凸显综合大学的优势，还需要时间的检验。第一种模式，教师教育的传统和资源虽然得以保留，但教师教育在综合大学中不可能处于优势地位，很容易受到削弱。第二种模式，教师教育虽然处于优势地位，教师教育的传统和资源继续存在，但在综合大学的整体发展布局中，教师教育能否真正成为综合大学的重点发展领域，取决于多种因素，特别是大学的办学定位。第三种模式，教师教育是综合大学发展中的新兴领域，属于综合大学办学扩张的组成部分，不可能真正成为大学发展的优先战略，而且缺乏教师教育的文化传统和办学资源。显然，综合大学教师教育的以上三种模式，都或多或少地面临理念、制度或资源上的挑战。

（三）我国教师专业化发展过程

春秋战国时期开始出现的宫室养士制度，孕育了我国官学教师的萌芽。官学教师虽然已具备了一些职业要素，但其专业化并未完成。相比而言，与官学相互依存的私学教师，则具备了现代教育意义上的教师专业化的一些特征，当时最大的私学代表孔子就是我国最早的职业教师之一。1896 年，盛宣怀在上海创办南洋公学，揭开了中国近代师范教育和职业化培养教师的序幕。1902 年，著名实业家张謇在南通创办“通州民立师范学校”，这是我国第一所私立的师范学校。

我国现代意义上的教师专业化研究与推进，是从 20 世纪初开始的。据我国学者王有亮①的研究表明：1923 年，常道直先生曾在《教育杂志》第十五卷第四号发表了题为“教育事业之职业化”的论文，论述了教育专业化的重

① 王有亮.《教育杂志》与我国对教师专业化问题的早期探索[J].教师教育研究，2008(1).

要性。这里的“教育事业之职业化”其实就是今天的教师专业化。20 世纪 40 年代，常道直先生又两次率先在国际教育大会上提出了制定《世界教师专业道德规约》和《国际教师宪章》这两个重要提案，旨在提高教师专业地位，被大会采纳。1947 年，常道直先生被联合国教科文组织推举草拟《国际教师宪章》初稿，常道直先生用英文拟就了《国际教师宪章》共三节十八条，这三节的标题分别是：“提高教师专业之社会地位”“世界教师之基本信条”和“以教育争取世界和平”①。这是中国对于世界教师专业化进程做出的重要贡献。

新中国初期我国主要借鉴原苏联的经验，将教师教育模式看成是“定向型”师范教育体制的回归，教师的培养分成三个层次，即培养小学教师的初级师范学校和中等师范学校，培养初级中学教师的师范专科学校，培养高级中学的师范大学和师范学院。改革开放以后，我国的教师专业化取得了长足的发展。1985 年，我国将每年的 9 月 10 日定为教师节，这是教育界和社会各界对教师专业化认同的重要措施，进一步提高了教师的政治地位、社会地位和职业地位。1986 年，我国颁布的《中华人民共和国义务教育法》中就明确规定了“国家建立教师资格考核制度，对合格教师颁发资格证书”。1993 年，我国颁布实施《中华人民共和国教师法》明确规定：“教师是履行教学职责的专业人员”，第一次从法律角度确认了教师的专业地位，在教师专业化发展中具有划时代的意义。1995 年国务院颁布《教师资格条例》，1997 年我国将“师范教育”改称“教师教育”，2000 年教育部颁布《教师资格条例实施办法》，教师资格制度在全国开始全面实施。同年，我国出版的第一部职业分类权威文件《中华人民共和国职业分类大典》，首次将我国职业归并为八大类，教师属于“专业技术人员”一类。2001 年 4 月 1 日起，国家首次开展全面实施教师资格认定工作。我国的这些举措无疑把教师的地位和作用又一次提升到了新的高度，进一步推进了教师专业化发展的历史进程。特别是近些年，我国在《面向 21 世纪教育振兴行动计划》中提出，要实施“跨世纪素质教育工程”“跨世纪园丁工程”“现代远程教育工程”，大力提高教师队伍的整体素质。这些工程的实施，意味着我国教师教育已摆脱单纯的学

① 常道直.国际教师宪章私议[J].教育杂志，1941，33(11).

历达标的局限，而转向教师专业素质的提高，并为教师素质的不断提高和发展建立和健全教师专业化教育网络。

五、当今教师专业化发展的趋势

（一）“教师专业化发展”已成为世界各国教师的共同努力方向

在国际教育改革大潮之中，世界上许多国家纷纷把教师专业化发展作为提高教师素质的目标和手段，借以提升国家的整体教育水平，教师专业发展已逐步成为国际教育发展进程中不可逆转的趋势和潮流。目前，世界各国的教育研究者从不同的角度解读教师专业化发展的内涵与外延，分析教师专业化发展中存在的症结与问题，开发推进教师专业化发展的策略与举措，教师专业化发展已日趋成为人们的关注焦点和核心课题，加强教师专业化建设也已逐步形成共识。在当下我国教育改革与发展中，我们应积极汲取各国教师专业化发展的经验，加以借鉴与学习。同时，在国际教育发展进程中，人们愈发地意识到教师不再是单纯的教书者，而是育人者，更是教育的思想者、研究者、创新者乃至实践者，是从事教育工作的专业人员。因此，在教育改革浪潮的推动下，教师专业化有了实质性的进展，教师专业化发展的改革重心也由过去集中在教师地位和权利，逐步转向追求教学的专业化、关注教师教学品质的改善等方面①。特别是对教师自身人格的不懈追求，使教师专业化发展保持了恒久的魅力②。

（二）着力推进职前职后教师教育的一体化建设

作为一个优秀的教师，应该具备持续自主发展的能力，有持续的学习力，有职业热情，有专业精神，有自己独特的教育教学思想或个人化的教育哲学，等等。然而，这些教师品质都不可能由一次性教师教育来塑造完成。从国际上教师教育的经验来看，教师专业化发展需要一个终身持续的进修、学习与提高的过程，教师专业的自主发展是职前与职后教育综合培养的结

① 赵康.专业、专业属性即判断成熟的六条标准[J].教育学研究，2000（5）.

② 彭拥军. 教师专业化发展的背景、问题与展望[J].西安交通大学学报，2006(4).

果。因此说,教师职前职后一体化教育是教师教育的必然趋势。“教师教育一体化”概念的引入,意味着原来的职前教育变为职前、职后不可分割的一体性教育,院校将必须具备为教师提供终身教育服务的能力。然而,立足于教师专业化的持续发展,针对职前与职后的教师教育各自不同的内在需求,还需要我们系统地设计不同的教学目标、课程设置、教学模式、评价指标等,从体制和机制上各有所侧重地建立起一体化的职前职后教师教育体系,以促进其健康发展①。

(三)更加关注教师的职业认同感、成就感及幸福感

苏霍姆林斯基曾讲,校长工作的秘诀就是通过研究让教师对自身的工作发生兴趣。对自己的工作十分感兴趣的教师,就会产生强烈的涉入感,提升教师自身的职业认同;教师的职业认同感植入教育教学实践之中,就会更好地提高学生的学习效果,同时让教师产生职业成就感;基于教师职业认同感和成就感之上,教师会更加关注个人的成长体验和自我超越,从而获得职业幸福感。1993 年,著名哲学家黄克剑与教育学者张文质对话时,提出了教育的三个价值尺度:授受知识、开启智慧、点化或润泽生命②。因此,关注教师专业化发展不仅要关注教师教学专业品质的提升,还要强调对每一位教师个体给予生命的关怀。要从强调关注“知识”走向关注“生命”,强调教师专业发展从“技术”走向“人文”,关注教师的精神和幸福,创设教师自主发展、健康成长的环境,让教师感悟到自己的价值,享受到作为教师的幸福。

第二节　军队院校教员专业化发展

军队院校作为高等教育系统中的一个子系统,其教师队伍自身发展具有独特性和复杂性。第十五次全军院校会议决定“建立完善以岗位任职教育为主体、岗位任职教育与生长干部学历教育相对分离、军事特色鲜明的新型院校体系”,实行“学历教育、任职教育分流”,以适应国家高等教育发展和

① 潘子彦.促进教师专业化发展机制体制的构建[J].继续教育研究,2016(7).

② 张文质.生命化教育的责任与梦想[M].上海:华东师范大学出版社,2005.

军队院校改革的新形势。为适应这一形势，在军队院校教师队伍建设方面，必须要积极主动地适应中国特色新军事变革的要求，积极对我军院校教师专业化发展问题开展深入研究。

一、军队院校教员专业化发展的概念内涵

1986年，我国颁布了《中华人民共和国国家标准职业分类和代码》，教学和科研人员都归为“专业技术人员”的分类，军队院校教师被确定为“专业人员”，这是对其专业性的基本肯定。军队院校教师是军队院校教育的主体，是军队院校建设与发展的主力军。2000年颁布的《中国人民解放军院校教育条例》第三十三条规定：“军队院校的教员，是指取得规定的资格、获得相应的职务、主要从事院校教学和科学研究工作的军官、文职干部”。2005年我军实行文职人员制度，目前文职人员也成为推动军队院校教师队伍不断优化的重要支撑。军队院校教师的职业要求，兼有军人和教师职业特征，与地方教师不完全一样，但在专业化发展要求这一点上既有共性要求，也有个性要求。下面，我们对军队院校教师专业化发展的内涵及特征作一分析。

为了研究之方便，本书中将“军队院校教员”称谓统一为“军队院校教师”或“军校教师”。

关于军队院校教师专业化发展的概念，目前在全军法规性文件中还没有正式提及，就其概念内涵而言，呈现“少、散、杂”的特点，也基本上尚未形成比较集中或有影响的共识说法。下面，我们从散落在现有文献中的一些具有代表性的观点来分析界定其内涵。

2005年4月王玲玲等人在《中国军事教育》发表的“教师专业化与军校教员资格证书制度”一文中指出，“教师专业化是指教师职业逐渐符合专业标准，成为专门职业并获得相应的专业地位的过程，也是指教师个人真正成为教学专业的成员并且在教学中具有越来越成熟的作用这样一个转变过程。”从这个界定可以看出，作者一方面强调要符合专业标准，另一方面强调要获得相应的专业地位，对于军队院校教师专业化发展来说，这两方面可以说是未来努力的重要方向。

2005年8月杨莲珍在《中国军事教育》发表的“不断推进军校教员专业化进程”一文中指出，“教员专业化的过程是指教员按照工作岗位的需

要,通过不断的学习与训练,获得学科专业知识和教育专业知识技能,逐步提高从教素质,取得相应专业地位的过程。”在这个界定中,作者以强调军队院校教师的专业性为落脚点,以军队院校教师取得专业地位为目的;既强调关注教学品质,又强调关注专业地位,可以说比较好地表达了军队院校教师专业化发展的内涵。作为军队院校教师专业性,不仅包括学科专业性、教育专业性,更要包括军事专业性;军队院校教师专业地位,既包括能够得到部队官兵的普遍认可和尊重,也包括能够得到整个社会的尊敬和赞誉。

2004 年 5 月李坤等人在《海军航空工程学院学报(综合版)》发表的“高等教育教师专业化趋势与军队院校教员培养”一文中指出,“教师专业化要求教师要在整个职业生涯中,依托专业组织,通过终身专业训练,习得教育专业知识技能,实施专业自主,表现专业道德,逐步提高自身的从教素质,成为一个良好的教育工作者。”在这个概念界定中,作者突出了军队院校教师专业化过程中“专业组织、专业训练、专业知识技能、专业自主和专业道德”。其中,专业组织是军队院校教师专业化的组织保障,专业训练是军队院校教师专业化的重要途径,专业知识技能是军队院校教师专业化的必备条件,专业自主是军队院校教师专业化的重要特征,专业道德是军队院校教师专业化的重要内容,这五个方面构成了军队院校教师专业化发展不可或缺的五要素。

基于以上关于军队院校教师专业化内涵的界定,可以说在不同程度上触及了军队院校教师专业化的基本涵义,但各自存在着一些局限性。军队院校教师是军校教育的主体,也是军校建设与发展的主力军,是指取得规定的专业技术资格、获得相应专业技术职务,主要从事军校教学和科研工作的专业技术军官、文职干部和文职人员的这样一个特殊群体。由于军队院校教师其中一部分是军队院校自己培养,基本上未经过系统的教师培训;而从地方选招进入军队院校,并被任命为军队院校教师岗位的教师,往往对部队的一些基本情况缺乏了解。因此,军队院校教师专业化有其特定的含义。所谓军队院校教师专业化是指通过一个可持续性的方式,逐步使军队院校教师接受专门的教育培训和军事训练,不断提高军队院校教师的专业素养、专业情感、专业理想,从而担负起培养高素质新型军事人才的重任,并形成专属于军队院校教师群体的特有的职业气质。从这一含义出发,军队院校教师专业化发展应包括以下内容。

第一,军队院校教师专业化既包括学科专业化、教育专业化,也包括军事专业化,这要求军队院校教师通过持续不断地学习加以提升自身的知识结构、从教能力和军事素质。

第二,军队院校教师专业化更加强调教师必须具备良好的政治素养、专业情感和专业理想,怀着为国家和部队多出人才的满腔热情,倾心教学,为我军实现跨越式发展提供人才支持。

第三,由于军队院校教师的特殊性,军队院校教师专业化不仅需要强调岗前培训、在岗学习、离职培养等,而且还要强调通过深入部队实践、参加观摩演习以及部队代职等形式,不断提高他们的实践能力和综合素质。

第四,军队院校教师专业化要求具有自身职业的特点和专业化的气质,所以必须形成特有的军队院校教师专业化发展文化。

第五,军队院校教师专业化是一个复杂的系统工程,是一个持续不断的过程,也是一个不断深化的过程。

二、军队院校教员专业化发展现状及问题

军队院校教师是培养新型军事人才的主导力量。近年来,随着军队院校教育转型的发展,军队院校教师在军队院校教育中的地位和作用愈发突显,但较之于教师专业化的要求,我军院校教师还存在一定的差距。为此,我们必须分析我军院校教师专业化发展存在的问题,把好问题的"脉搏",更好地促进军队院校教育健康发展。

(一)教师专业化发展的理念还未深入人心

一方面,我军院校教师专业化发展起步较晚,整体教师专业化发展水平还不太高,特别是对教师这个职业的理解还停留于肤浅化、表面化,甚至有些人理解教师专业化发展就是自己所从事学科专业的知识累积,当之能够达到一定的精通程度就可称之为"专业"教师。皮亚杰曾说"别人认为,尤其坏的是他自己也认为:学校教师无论是从技术和科学的创造性上来说,都不

是一个专家，而只是一个知识传递者，这是任何人都能做到的事。"①因此，军队院校教师自身对专业化认知的低层次，主观上阻碍了军队院校教师专业化发展。另一方面，我军对"教师专业化发展"这一概念目前还没有正式文件提及，只能从文件中看到一些促进教师专业化发展的相关举措，例如实施教师能力提升工程、开展教师资格认证、建立专业实践基地等。所以，这在客观上也制约了军队院校教师专业化发展。

（二）教师专业化发展的顶层设计还未系统化

军队院校教师主要来源于军队院校自身培养。由于军队院校没有专门的师范性院校，教师职前教育存在着一定缺失。为了弥补这个缺失，《中国人民解放军院校教育条例》明确规定："院校应当有计划地安排教师参加培训进修。"其主要任务就是：深化理论知识，提高教学科研能力，提高实践能力，提高思想素质。主要途径包括岗前培训、脱产培养、举办理论研讨会和参加军内外学术交流活动、组织深入部队实践、鼓励在岗内学、部队代职、参加观摩演习等。这些措施在一定程度上有效提高了军队院校教师教学能力。但是，在军队院校教师专业化发展中，对于军队院校教师不论是职前教育还是职后培训，还缺乏对教师教育一体化建设的系统设计，未能从体制和机制上规划教师适应阶段、教师成长阶段、教师称职阶段和教师成熟阶段等各个阶段的培养目标、课程设置、教育内容等。因此，目标的不明确、不具体、不清晰，也导致了军队院校教师专业化发展缓慢。

（三）教师专业化发展的培训模式还有待改进

目前，军队院校教师培训重点主要放在岗前培训，主要适用于军队院校新教师，通常采取集中培训、军事训练、代职等多种形式，使军队院校新教师了解军队院校教师职业特点和要求，熟悉军队院校教育的法规和相关制度，掌握军队院校教育教学的基本理论知识、方法和技能，从而具备军队院校教师的基本素质。当军队院校教师具有了一定的业务能力和工作经验之后，再把他们送到部队或地方相应进行正规培训。主要包括攻读硕士、博士学

① 刘秀江，韩杰.对教师专业发展内涵的诠释[J].教育科学研究，2003(4).

位，参加进修班、出国进修、做访问学者等。这种方式，目的明确，针对性强，效果明显。还有就是组织军队院校教师深入部队实践进行代职锻炼，也是对军队院校教师进行培养教育的一种重要形式。但是，由于当前军队院校教师培训大多还处于传统教学模式，培训内容理论性知识偏多，缺乏从教学实践层面解决实际问题；培训形式偏重于单向知识传授，使培训缺少了探究与交流。这些问题的存在，在某种程度上造成了“训而无果”。

（四）教师专业化发展的制度建设还有待完善

确保教师专业化发展的方向，必须将其落实到具体的制度中。为了充分发挥军队院校教师及群体的作用，保证教学质量的提高，进而保证培养目标的实现，我军对教师队伍管理从教师资格准入、教师工作量统计、任期考评等方面进行总体筹划和建设，现行颁布了《教师任职资格制度》《教师工作量制度》《教师职务评审制度》《专业技术职务任期制度》等规章制度。可见，我军从制度上为教师提供了一些专业化发展的制度保障。但是，也不难看出，当前制定的有关军队院校教师的制度，普遍存在着“重义务轻权利”的倾向，从而导致军队院校教师权利保障上的缺位。同时，制定的有关军队院校教师的制度，大多从偏向于管理者的角度而制定，根据广大军队院校教师意愿或职业规划而制定的制度存在一定缺位。例如，缺少诸如军队院校教师培训制度、军队院校教师共同学习制度、军队院校教师创新比武制度、军队院校教师成长制度，等等。因此，一套较为有效的军队院校教师专业化发展保障体系有待建立。

三、军队院校教员专业化发展趋势

作为一名合格的军校教员，不仅要知道“教什么”，而且还要知道“怎么教”，才能走上讲台，才能实现教书育人，担当起为国家为部队培养优秀军事人才的使命。总体而言，军队院校教员专业化的发展需要不断提高军校教员专业化水平，建设一支与军队人才培养相适应的高素质教员队伍，这样对推进军队院校教育教学改革、培养高素质新型军事人才具有十分重要的意义。具体而言，军队院校教员专业化发展趋势主要包括以下三方面。

(一) 军校教员专业化发展的责任意识不断加强

教员专业化发展是军队院校提高教学质量、培养新型军事人才的必然选择。教员专业化发展是一个长期的发展过程,其有效发展不仅需要教员自身的努力,同时也需要军队院校的重视和长期关注。院校的教学管理者既要关注教员当前的教学能力和发展状态,更应对教员未来发展和其职业生涯进行清晰规划。也就是说,教员专业化发展不单单是教员个人的问题,更是院校义不容辞的责任。只有院校把教员专业化发展摆上重要位置,建立教员专业化发展制度,促进教员专业化发展规范化和经常化,才能有效提升军校教员专业化发展水平。同时,院校应在教员中树立全员专业化的理念,人人都要专业化,人人都能专业化,避免把专业化变成专家或知名教授的局部化专利。

因此针对教员专业化的未来发展,首先要提高教员的专业素养,从教员自身看,要不断加强自身素养,正确认识教育和自身所担负的责任,提高职业道德品质和职业信念;正确认识职业倦怠,提高专业知识和教学技能,正确对待压力和境遇,改变认知思维模式,思维弹性化,并积极进行必要的自我调适,提高自身适应力;加强人格修养,包括意志独立性、果断性、自制性等方面的培养,学会自觉、灵活地控制自己的情绪,克服不良情绪的产生;开展有益活动,丰富生活、放松心情,在多彩的生活中增添生活乐趣,从而对职业心理产生积极影响;加强朋友之间的交往沟通,倾听别人的工作感受和经验也是非常便捷、有效的克服职业倦怠的方法①。

(二) 军队院校的教员培训制度不断健全和完善

为了适应未来军校教育的需要,进一步提升军校教员的专业化水平,在其未来发展中势必要建立健全和完善的教员培训制度。

教员培训是教员专业化成长的主要途径,在教员专业化发展过程中起着不可替代的作用。教员培训包括新教员的入职培训和教员的在职培训。新教员入职培训要改变单纯理论教授的方式,改由有经验的导师进行现场

① 魏传庭.军校教员专业化发展问题与对策[J].管理观察,2016(28).

指导,使新教员尽快转变角色、适应环境。在职培训主要是为了适应教育改革与发展的需要,为在职教员提供适应教员发展不同阶段需要的继续教育,主要采取“理论学习、尝试实践、反省探索”三结合的方式,引导教员掌握不断发展的现代教育理论,培养教员研究教育对象、教育问题的意识和能力。

教员培训的基本功能在于促进教员不断更新知识结构,推动教员向专业化发展。建立和完善军队院校教员培训体系,首先,要实现职前教育和职后培训的一体化,军队院校要把教员培训视为院校教育教学工作的重要组成部分,通过多种途径为在职教员提供学习的机会。其次,要创新培训内容,把提高教学和研究水平作为军队院校教员培训的主要内容。军队院校教员培训提高的重点应是提高教学和研究水平。这种提高应贯穿在教员职称晋升、评先评优的整个过程之中,从而激发了教员进修提高的内在动力。培训内容包括提高学习能力、实践能力、创新能力,突出对教员创造性开发、创造性思维能力的培养。结合军校教员职业生涯设计开展培训,把教员职业生涯设计和院校整体发展需要结合起来,帮助教员实现个人价值。个人价值得到提升,才会促进教员专业化发展,才会促进军队院校的发展,提高军队院校的教学质量。最后,要根据军队院校教员的职业特点,进一步完善军队院校教员培训机制,推进培训工作的改革与创新,这是院校教员培训工作顺利开展的根本保证。

同时还要给教员提供专业研究机会,著名教育家苏霍姆林斯基认为:“如果你想让教师的劳动给教师带来乐趣,使天天上课不至于变成一种单调乏味的义务,那么你就应当引导每一位教师走到从事研究这条幸福的道路上来。”军校有关部门要经常组织教员参加校内外研讨会,增加教员间的交流,也可经常邀请著名学者前来讲学,开阔教员的视野,提高其科研意识,激发教员追求专业发展的热情;要引导教员经常对自己的教育教学实践进行必要的反思和总结;要创造教员理性思考的氛围和条件,强化教员的职业信念,保持其职业激情。

(三)教员专业化发展的内在动力将不断提升

专业化指的是教员的专业化,其关键在于教员,教员需要具有不断学习、走向专业化的意识。

首先对于教员而言，要做到以下两点：一是要有崇高的专业理想。专业理想是教员在对教学工作的感受和理解的基础上所形成的关于教育本质、目的、价值和生活等的理想和信念。它是教员在教育教学工作中的世界观和方法论，是教员专业行为的理性支点和专业自我的精神内核。教员专业精神是教师做好本职工作的重要保证，它是教师教育人格和伦理的组成。军校教员承担着为国家和军队培养高素质军事人才的神圣使命，因而军校教员要有“让每个学员都成人、成才，为国家、为军队做出巨大贡献”的坚定信念，以教书育人为己任，任何时候，不动摇自己的专业理想，不放弃自己的事业心、责任感，用心地投入到教育事业，矢志培养更多的优秀军事人才。二是提高自身的专业自主发展意识。专业自主权是专业人员在从事专业活动的过程中，有权对专业内容、专业判断等做出选择和决定，并对自己的选择和决定负主要责任。教员实现专业自主发展的前提是教员要具有强烈的专业自主意识，它不仅能将教员以前的专业发展历程、现在的专业发展情况和未来有可能达到的发展水平结合起来，而且还能使得现有的发展水平影响未来的发展方向，将来的发展目标支配现在的行为，同时还能增强教员自身专业发展的使命感，从而保证教员专业发展的自我更新取向。因此，军校教员如果要提高自身专业自主发展的意识，必须经常性进行对教育教学的专业知识和专业能力进行审视与深入思考，并通过相关途径和方法逐步加以完善和提升。

其次对于教育管理者而言，则需要做到实行人本管理模式。对教员进行人本管理，就是各级管理者要尊重理解教员、信任赏识教员，积极采纳教员的建议，不断提高教员的专业能力。人本管理的核心是教员的广泛参与和管理，广开渠道听取教员对院校办学的意见建议①。

第三节　军队院校双员型教员发展

一、军队院校双员型教员内涵及意义

提到军队院校双员型教员内涵，就不得不提到地方高校中首先提出的

① 魏传庭.军校教员专业化发展问题与对策[J].管理观察，2016(28).

双师型教员队伍的内涵。“双员型”这一概念也是从“双师”的内涵中衍生出来的,从双师型发展的启示中提炼的。

(一)“双师型”教员队伍发展内涵

2005年11月7日,陈至立在全国职业教育工作会议上发表了《全面落实科学发展观,努力开创职业教育工作新局面》的重要讲话。讲话中强调,要建立职业教育教师到企业实践的制度,专职教师每两年必须有两个月以上时间到企业或生产一线实践。要制定和完善职业教育兼职教师聘用政策,采用更加灵活的政策和用人机制支持职业院校向社会聘请工程技术人员、高技能人才担任专业课教师或实习指导教师。

2006年11月16日,教育部《关于全面提高高等职业教育教学质量的若干问题》(教高[2006]16号)中提出,注重教师队伍的“双师”结构,改革人事分配和管理制度,加强专兼结合的专业教学团队建设。要增加专业教师中具有企业经历的教师的比例,安排专业教师到企业顶岗实践,积累实际工作经历,提高实践教学能力。同时要大量聘请行业企业的专业人才和能工巧匠到学校担任兼职教师,逐步加大兼职教师的比例,逐步形成实践技能课主要由具有相应高级水平的兼职教师讲授的机制。教育部、财政部《关于实施国家示范性高等职业院校建设计划,加快高等职业教育改革与发展的意见》(教高[2006]14号)指出,制定“双师型”教师培养和专兼结合专业教师队伍建设的支持政策与办法,聘请一批精通企业行业工作程序的技术骨干和能工巧匠兼职,促进高水平“双师”素质与“双师”结构教师队伍建设。新世纪以来,我国陆续建立了多所高职院校,但高职的发展仍面临着许多问题。除思想观念上存在问题和学费较高等原因外,还涉及这些高职院校教学质量不高、办学无特色、培养的人才不适应社会的需求等因素,根本原因是缺乏一支具有双师素质的师资队伍。

(二)“双师”涵义及定位

解决双师型教师的定位是当前建设双师队伍的前提。那么,什么是双师型教师?“双师”这一提法出现得并不晚。但时至今日,学术界对于何为双师仍旧有很多不同意见。目前至少有以下几种:一是“双证”说,认为凡是持有“双证”(教师资格证和职业技能证)的教师就是“双师型”教师。二是“双能(双素质)”说,认为既具有作为教师的职业素质和能力,又具有技师(或其他高级专业人员)的职业素质和能力的专业教师是“双师型”教师。三是“叠加”说,与以上两种对“双师型”教师概念的界定相比,此观点比较折中,也比较普遍,它强调的是“双证+双能”。四是“双职称”说,即要求“双师型”教师既具有讲师的职称,又具有工程师的职称。五是“双层次”说,认为所谓职业院校教师就是各级各类大中专职业院校中既能讲授专业知识、又能开展专业实践,既能引导学生人格价值、又能指导学生获得与个人个性匹配的职业的一种复合型教师。其第一层次为能力之师,即:经师(经典专业知识)/技师(精湛专业技术);第二层次为素质之师,即:人师(价值引导)/事师(职业指导)。六是“特定”说,该界定没有对“双师型”教师概念给出具体的操作定义,只是指出“双师型”的提法只有在特定的情况下才有意义,这一特定的情况就是当前职业院校重理论、轻实践的背景。离开了这一特定的背景,“双师”的提法就不再有意义,因为普通教育同样要求理论联系实际。

根据对以上几种观点的分析,“双师型”教师应当是在高等职业教育中有较高的教育教学水平、较强的科研能力和实践工作能力;拥有高等学校讲师及以上职称,经常性地参与专业实践活动并取得良好业绩的专业教师。从内涵上,“双师型”教师应具备教师的基本知识结构和能力结构,同时,“双师型”教师又是教师中的特殊部分,必须有特殊的知识与能力结构。

首先,双师不可能是简单的双职称。如果认为“双师型”教师就是教师与技师或工程师的叠加,即“双师型”教师应既是教师又是技师或工程师。这种观点突出了“双师型”教师的教育教学能力和实践能力,注重了共性,但忽视了教师本身与技师或工程师的区别。从工作对象看:技师或工程师,面对的是实物;“双师型”教师面对的是有思想、有感情的人。从在生产中的地位和作用看:技师或工程师在生产活动中占决定地位,起决定作用;“双师型”教师在“生产”(教育)活动中,占主导地位、起引导作用,教师的外部作用必须通过学生的内部作用发生效力。从知识、能力看:技师和工程师需知生产的基本知识和操作要领并能实际操作,而“双师型”教师必须将生产、管理、服务知识和能力吸收内化,并能有效地再现、传授给学生。这就要求“双师型”教师不但要熟悉操作过程，而且要精通其原理，并能组织学生学会学好。

其次，双师也不应该双证书。教师学习能力都很强，如果硬性要求教师必须具备双证书，在职业资格证书制度还不够健全、不够完善的今天，资格证书与实际能力是否等值很值得怀疑，以此为依据作为判断教师是否是“双师型”教师的做法是不贴切的。“双证”即“双师”的认识，在实践中误导教师积极投入到考证行列，结果出现为拿证而拿证，甚至出现以钱买证等现象，证书多多，束之高阁。严重地干扰了“双师型”教师培养工作的正常开展。这种认知观，只从形式上强调了“双师型”教师要重实践的特点，而忽视了“双师”重在“双能”的本意。

最后，双师即双能。双能力一说，虽然最为贴切，但正如前文所说，操作性不高。换个角度来考虑，目前教师的理论能力普遍不低，实践能力从何而来？最直接的方式莫过于参加实际工作。从这一方面考虑，能力说结合双师素质是最为合适的解读。当然，参加实际工作到有丰富的实践经验需要一段相当长的时间，在双师队伍建设中这一问题必须予以解决。

（三）军队院校双员型教员内涵

只有紧贴军事斗争准备，紧贴岗位需要，军队院校才能培养出部队所需要的合格人才。教员在这一过程中发挥重要作用，不仅能教授专业知识，同时也能把部队带兵打仗的“方法、要领”讲出来，结合自己的实践经验和本身出色的军事素质有助于带出合格的兵。

基于以上，我们认为军队院校双员型教员是指既具有扎实的基础知识、较高的专业理论教学水平，同时又具有规范的专业技能指导能力，掌握专业理论知识和操作技能的联系和规律，既能从事教育又能从事应用实际。“双员型”教员具有两个特性：一是教育特性。“双员型”教员掌握着一定的教育教学理论，具有较强的教学能力，特别是组织实施实践教学与案例教学的能力，善于总结教学经验，具有自觉改革教学方案与教学组织形式的新意识，对加强学员能力建设具有良好的指导性。二是专业特性，“双员型”教员除了具备扎实的专业基础和较宽的知识面外，还具备一定的部队任职经历和丰富的实践经历，这对军队院校学员培养意义非凡。

二、军队院校双员型教员发展现状

建设双员型教员队伍是落实习主席关于“两个面向、三个贴近”思想的内在要求,是军校贯彻这一思想的重要举措。新一轮军队院校调整改革后,本科学历教育实施“学历+任职”教育模式,任职教育的地位更加突出。基于学员岗位任职能力培养导向和实战化教学训练的深入开展,对教员队伍的“指挥员”能力素质要求更加迫切。这个“指挥员”素质,对院校的教员来说,就是指挥能力、管理能力、装备保障能力和装备组训能力。同时,院校教员应具备基本的“教员”素质,包括教育教学理论、教师职业道德素养、专业知识技能等。在此基础上,部分军队院校开始探索“教员+指挥员”的“双员型”教员能力素质培养,也取得了一定的成效。

但总的来说,当前军队院校教员在双员型教员队伍建设上还存在诸多问题,影响了教员队伍有效履行使命任务。

(一)师资结构单一,导致实践能力弱

目前军队院校教员几乎90%以上来源于军校毕业生或者地方高校毕业生,从学校到学校,本身就缺乏实践锻炼;上岗后锻炼机会和场所又非常少,实践能力提高缓慢。80%以上的军校教员都认为自身实践能力不足是教学中最大的困扰之一。脱离实践的时间太长,没有充分的交流是这种情况的主因。特别是近年来,文职人员在部队教员中的比例日益增大,这些教员大多数都是缺乏部队工作经验,往往对于部队实际情况缺乏明确认识,在授课过程中难以准确把握课堂教学的方向,往往重理论轻实践,重专业知识的传授,缺乏练兵打仗备战的指挥员素养,极大地降低了军队院校人才培育的整体质量。

(二)资格认证评定缺乏规范

虽然军队院校明确提出了建设双员型教员队伍,但是对于双员型的内涵,各个单位的认知不一,导致对于双员型教员的资格缺少必要的条规来衡量,评判标准不统一,容易出现操作上的偏差。而且双员型教员在评优评先、晋级、职务职称考核评定方面没有相配套的政策措施,而且同其他教员

是站在同一起跑线上，用同样的标准体系衡量，对双员型教员没有政策倾斜，使教员在学习、培训方面缺乏积极性。

（三）运行机制不够顺畅

在流动机制上，进口狭窄，引进困难，出口不严，保留困难，进出矛盾突出。在培养机制上，全军院校从部队选调教员和教员到院校任职的路子没有走开，院校教员到部队代职和见习，基本上属于应付状态，往往一边代职一边参与教学，工学矛盾突出。在保障机制上，缺少政策扶持和专项经费支持。

三、军队院校双员型教员发展问题剖析

上述种种问题是制约双员型教员发展的瓶颈问题，要想在短时间内建立系统性的政策从根本上解决，可谓远水不解近渴，这就需要采取一些简单易行的方法在一定程度上缓解。比如说，院校教员与部队干部实行交叉代职，引进部队优秀干部充实教员队伍，聘请部队、机关领导干部兼任教授等。这都是近年来，在部队和院校共同努力下，为解决上述问题采取的办法。尽管获得了一定的成效，在短时间内解决了部分教员完全不了解部队或知之甚少的状况，但是有的学者认为这些只是权宜之计，根本的解决之道还在于实行军官轮岗制。所谓军官轮岗制，就是为丰富军官任职经历，开阔其视野，增长其才干，规定军官必须按照既定发展路线，在不同岗位、不同地区进行定期轮换的军官服役制度。这一制度在外国军队中广泛实行且历史悠久，是一项成熟的制度。美国和俄罗斯军队对军官发展过程中所必须进行的岗位轮换和地区轮换规定非常具体、非常明确，有清晰的路线图。英国、韩国、日本和巴基斯坦的军队也有类似的规定。

实行军官轮岗制的好处在于：一是能丰富军官的经历，开阔视野，军官在不同的岗位轮换，能够得到不同的锻炼，大大提高任职能力和联合作战能力。二是有利于实现公平，实现人力资源优化配置。定期轮换可以有效避免和克服军官不愿到艰苦地区任职、想方设法向条件优越的地区调动等问题，避免艰苦地区人才匮乏，中心城市人才扎堆的现象。三是有利于规范干部调配和任免工作，弱化“人治”，强化“法治”，能够起到遏制干部工作中的

不正之风。四是能从制度上为院校教员与部队干部之间的交流提供可靠保障,为院校教员常换常新,从根本上解决院校教员经历单一、知识结构不合理和院校教育脱离部队实践的矛盾问题,才能保障双员型教员队伍有足够的活力,不断有新鲜的血液注入。

但是,也需要抓住以下几个关键问题。

(一)转变观念是前提

无论是双向代职、任职还是军官轮换制,抑或是培养双员型教员队伍都需要解放思想,更新观念。因为观念带有根本性和先导性,只有观念更新了,才能引发一系列的行为改变。树立院校、部队一盘棋的观念,才有利于多岗位锻炼人才成长,才能培养优秀的未来领导者。

(二)组织领导是关键

决策层要有推进制度改革的勇气,要有强烈的历史使命感和责任感。虽然有些问题反映在基础,表现在一线,但是根源还是在于制度的设计存在缺陷。双员型教员队伍建设之所以异常艰难,一方面在于人的来源不明确,另一方面在于标准模糊,但是总的来说,还是缺乏相应的制度规范,这就需要领导层下决心,下大力气不断推进。

(三)加强顶层设计和整体谋划

在军队院校实施双员型的师资队伍建设转型过程中,对于自身教员队伍的培养与建设缺乏明确认识,在对教员进行专业理论知识与学术研究能力培养的过程中缺乏系统化指导,致使双员型教师的培养处于一种零散与自发的状态,严重降低了双员型师资队伍建设的有效性。这就需要上层领导,统筹考虑,科学论证,加强顶层设计和系统筹划。

(四)组织教员赴部队任、代职

军队院校特别是技术类院校应该坚持每年选派教员参与部队代职,没有部队任职经历的教员必须参加代职;离开部队时间较长的教员或者在部队工作时担任职务较低,没有在政治机关工作经历或没有担任领导职务的教员每年要参加部队代职调研。同时,坚持带课题到部队调研代职,要求到部队的教员要深度融合部队,积极主动承担任务,帮助部队解决工作中的现实问题。开展“三个一”活动,即为部队上好一堂课,完成一个课题;承担部队交给的一项重大任务。通过这些活动,提高教员的指挥员素质。

(五) 鼓励教员积极参加重大军事活动

创造机会参加演练和演习活动;积极与部队交流,接收部队代职教官,从部队选调优秀指挥员充实教员队伍,发挥这些教员的实践经验优势,促进教学、方法与部队的有机统一,在人才的培养中发挥积极作用。

四、推进军校双员型教员师资转型的对策

军校双员型教员师资转型,主要包括军校教育师资的教育理念转型、能力素质转型、角色转型等内容。

(一) 以师资教育理念转型为先导

理念转型是最根本的转型。习近平主席指出:“要注意总结经验,借鉴国外军事院校有益做法,更新教育理念,创新培养模式,努力走出一条有利于高端军事人才成长的新路子。”这客观上要求教员要更新教育理念。目前,妨碍新形势条件下军校教育师资素质提高的往往不是我们的知识不足,而是对过去做法过于熟悉和过度依赖。只有突破既有理念,才能为加快推进实战化军校教育师资转型创造前提条件。

首先,从“以教员为主”向“以学员为本”教育理念转变。实战化军校教育客观上要求学员具有较强的自学能力、自我教育能力、自我管理能力和研究能力,具有认识、分析和解决问题的能力,这些能力的培养需要以学员为本。客观上要求教员与学员多元互动,与学员之间展开交流与沟通,真正成为学员的良师益友;让学员参与到教学过程中,把学员的实践经验与教员的理论知识有机结合起来;在教与学的互动过程,教员与学员达到互相促进、共同提高的目的。其次,从“知识本位”向“能力本位”教育理念转变。对学员进行知识传授以打牢科学文化基础,是十分必要的。但实战化军校教育客观上要求学员所学的知识重在应用,以适应未来任职岗位的需要。客观

上要求教员尊重学员学习自主性,创造良好的学习气氛;引导学员运用马克思主义的立场观点方法,认识分析和解决问题,使之成为具有战略思维、辩证思维和担当意识的军事人才。再次,从兵种合成教育理念向军(兵)种联合教育理念转变。适应作战方式和作战力量的发展变化,加强联合作战指挥人才、新型作战力量人才培养是实战化军校教育的重中之重。客观上要求教员牢固确立军(兵)种联合教育理念,遵循联合作战指挥人才、新型作战力量人才成长和培养的客观规律,将联合作战素养的普及和提高贯穿于军事人才培养的全过程。这就需要运用联合思维去塑造学员,通过创建、积累、传授以及运用知识,提高学员从联合角度思考问题的能力;积极主动投身于院校部队一体化训练的实践探索中去,加强联合作战指挥人才培养基本理论和重大现实问题的研究。

(二)以提升师资能力素质水平为核心

军校教育师资能力素质的强弱,直接关系到军事人才培养的质量。着眼于实战化军校教育的需要,军校教育师资能力素质水平的提升主要体现在以下几个方面。

一是从课堂讲授能力为主向运用多种教学方式方法能力转变。开展实战化的教学需要采取相应的教学方式方法,但当前院校教学方式方法改革力度还不够大,重讲授、轻实践,重知识学习、轻能力生成问题还比较普遍;单向灌输多、双向互动少,统一组织多、分类指导少,教学方式方法的灵活性还不够,教学方式方法的实践性应用性特点不明显。目前,部分教员不能根据实战化院校教育的特点有针对性地选择教学方法,走过场现象依然存在。灌输式教学重点突出教员的课堂讲授能力,这是十分必要的,但是不利于调动学员的主动性,学员的主动性被压抑。因此,对于实战化军校教育来说,要紧紧围绕信息化联合作战实践中的重点、难点和热点问题,教员要采用多种、更加灵活的教学方式方法,把灌输式教学转变为研讨式,实施“自主式教学”“开放式教学”“案例和战例式教学”“专题讲座式教学”“问题式教学”等,使学员在相互交流中加深对问题的认识,使学员在认识和解决问题中提高能力;把理论讲解转变为实践体验,开展想定作业、综合演练等实践性课程,加大实践教学力度,让学员在体验中、在实践操作中形成岗位适应能力。

因此，实战化院校教育应从学科本位向岗位本位变革；从单一封闭向开放多元变革，真正实现从讲解式到交互式、从“背答案”到“找结论”的有效调整，重点是引导学员在研究和解决问题的过程中提高作战能力。

二是从传统知识素质向信息素质转变。未来作战是基于信息系统的体系作战。信息化战争条件下的一体化联合作战，彻底改变了战场上物质、能量和信息的传统关系，信息流成为控制物质流和能源流的主导性力量，信息力决定战斗力，信息主导成为制胜的关键。推进实战化军校教学，客观上要求教员要组织好信息系统教学，因此要提高教员信息素质水平。信息素质包括要具备信息意识、主动获取信息，要掌握信息知识，要具备开发信息能力。把信息系统作为手中武器，把熟练运用信息系统作为必备能力，在各个层次落实一体化指挥平台、战术互联网等信息系统操作训练，提高教员依托网络系统获取、处理、使用信息的能力。着力提升教员的信息技术研发能力，从而实现由信息知识向实践能力的转化，随时对各种信息进行加工、整理，并使之转变为学员的知识和能力。

（三）以师资职业角色转型为抓手

职业角色是指个人在所从事的社会工作中扮演的角色。在实战化军校教育的大背景下，军校教员队伍的职业角色也要发生重大转型，向塑造者、引导者等多种教员职业角色转变。职业角色转型主要体现在：

一是从理论灌输者向核心价值观塑造者转变。当代革命军人核心价值观的培养在军校教育中居于首位。军校教员肩负着革命军人和军校教师的双重职责，既要加强学员核心价值观的理论灌输，又要承担为人师表的职业角色，成为学员核心价值观的塑造者。因此，教员要以坚定的理想信念引导学员铸牢精神支柱，强化学员的军魂意识。以献身教育事业的精神引导学员坚定献身国防和军队建设的决心。教员要全身心投入到贴近部队指挥的教学实践中，潜移默化地带动学员树立崇高的理想信念。以崇高的学术道德操守带动学员培育高尚的道德情操和职业规范。学高为师，德高为范，引导学员成为自觉践行核心价值观的军人。

二是从教学主导者向教学引导者转变。开展实战化的教学需要教员成为学员的引导者和指导者，但当前教员处于中心地位，起主导作用，与实战化教学有差距。适应实战化教学的需要,教员要从教学主导者向教学引导者转变。首先,在教学中发挥“导演”的作用。教员一方面除了要对设定的教学目的进行精心设计外,更为重要的是,课前与学员交流沟通,了解学员所需,修改教学方案,以达到教学目的。其次,在教学中发挥“演员”的作用。教员在教学过程中,重点培育学员的团体合作能力和批判意识,建立和谐的教学关系。在学员遇到难题时,要引导学员运用所学知识分析和判断问题,从而得出正确结论。

总之,实战化军校教育要以师资转型为突破口,加快推进实战化军校教育步伐,全面提升实战化军校教育质量。

第二章

军队院校双员型教员队伍能力素质体系

素质这一概念最初见于生理学和心理学。“素”，即本来的、原有的意思。“质”，是一事物区别于他事物的内在规定性。《辞海》解释说：“素质是人的先天的解剖生理特点，主要是感觉器官和神经系统方面的特点。”随着社会的发展，素质这个概念已被越来越多的学科广泛实用，其内涵及外延也都发生了变化。在更多的领域里，素质这个概念主要是用来说明事物本来所具有的质的特性。军校教员素质就是军校教员的一切内在构成，是教员借以工作、发展和做贡献的个人内在条件和特殊本领。研究军校教员队伍能力素质，有助于对教员队伍建设提供方向指引。

第一节　军队院校教员角色

一、军队院校教员角色内涵

角色原是戏剧、电影中的名词，指演员在戏剧舞台上按照剧本的规定所扮演的某一特定人物。在我国，孔子“正名循礼”及“君君臣臣”的提法，被认为是对地位和角色的最早论述。在西方，20 世纪 20 年代美国芝加哥学派开始借用这一概念研究社会结构。1934 年美国心理学家、符号互动论的创始人米德在其著作《心理、自我与社会》中率先将角色引入社会心理学的研究中，称为社会角色，从此，“角色”成为社会心理学中的一个重要概念。但是，时至今日，对于怎样来定义角色却仍然是人言人殊、歧义百出的问题。尽管如此，纵览对角色的定义，主要有两类：一类是从角色与地位的关系来定义，认为角色与地位是一种不可分割的关系;另一类是通过分析角色的涵义。

对于军校教员,朱如珂教授在《现代军校教育新论》一书中认为,“教员角色既代表教员个体在教育中的地位和身份,同时也包含着教育所期望于教员个人的表现行为,它既包括教育对教员的行为期待,也包括教员对自己应有行为的认识。”根据这一定义,教员角色包含三层含义:①教员角色即教员行为。指教员在特定的工作环境中所扮演的角色,如在院校教育管理或课堂中的角色。②教员角色即教员的地位、身份。③教员角色即对教员的期望。

在军队院校这个由教员、院校领导、教学管理干部及学员四种不同的角色所构成的教育体系中,教员一方面承担教学和科研的工作,另一方面要协助院校各级组织机构充分运用教育资源,以尽到服务部队、服务学员的职责。所以,如果仅仅单一的从教员工作看待其在院校教育体系中的角色,教员角色应包括教学科研角色以及行政角色两个方面。在教学科研角色方面,军校教育是“教育者按照战争和军队建设的需要,依托一定教育条件,有目的、有计划、有组织地向学员传授军事知识和技能,发展智能和体魄,培养思想品德、战斗作风和心理素质,以促进其素质全面发展的教育实践活动。”为达此目的,教员应是教学者,传授科学文化知识、军事理论和技术,激发学员的创意及潜能。同时,教员是院校科研的主力军,因此也是创造者和开拓者。在行政角色方面,积极参与并执行院校决策是教员的职责之一,积极参与院校决策与协助改善院校各种组织及协助同事完成各项工作,以改善院校的行政效率也是教员的重要院校角色。

此外,教员角色最为重要的特征在于其鲜明的时代性,即我们一定是也必须是在一定的时代背景下看待教员角色,而且还应该根据时代背景的不同不断调整我们对教员角色的看法。不同时代对教员角色的不同要求构成了教员角色内涵的时代特征,一定时代教员特征是该时代战争和军队建设需要的集中反映,是该时代教员素质的根本体现。

二、军队院校教员角色定位

(一)教育教学者

军校教员作为教育教学者不同于传统意义上的教育教学者,主要体现为教育教学的组织者和引导者，教学信息的制作者、加工者和处理者以及知识信息的甄选者和把关人。

1. 军校教员是军校教育教学的组织者和引导者

在信息时代，教员的权威不再是建立在学员的被动与无知的基础上，而是建立在教员帮助学员积极参与以促进其充分发展的基础上。在课堂上，教员不再是居高临下地向学员教授知识的“单向播音员”，也不是必须弄懂所有问题的“辞典”，而应是教育教学活动的组织者和引导者。因此，教员要改变传统的“以课堂为中心，以教材为中心，以教员为中心”的“三中心论”的教学方式，通过对学员学习的课程做出安排，实施柔性的教学计划，以便对学员的学习加以引导。同时，学员在教员的指导下，可根据自己的学习风格，选择那些有意义的内容，调换单元的次序，自主学习；教员可以通过计算机自由地与单个学员或学员小组一起工作，对学员的学习实施监控，在学员遇到难以解决的困难时，给予适时、适当的指点和帮助，启发学员进行多向思维、发散思维。鼓励学员学会提出“问题”，引导学员从各个角度去解决问题，寻求解决问题的多种途径。

2. 军校教员是军校教学信息的制作者、加工者和处理者

在学校内部，教员作为知识的传播者、教学过程的组织者的角色没有变化。但是，那种教员与学员之间的单向关系将被三角关系所取代。教员也不再以组织良好知识体系的呈现者出现，也就是说教学工作中心已由教员的“教”为主转变为以学员的“学”为主。教员必须以现代教育技术的系统观念和教学设计思想去分析学员的特性，制定教学模式、设计教学方式、准备教学材料以完成教学任务。因此，教员首先应是课程的设计者，而在传统的教学过程中，教学方式是教员口授，学员听讲。随着这种三角关系的出现，教员由单纯的知识传授者转变为教学信息的制作者、加工者和处理者。一方面，他要根据教学设计制作所需要的教学软件；另一方面，更为重要的是，他要在浩如烟海的信息资源中寻找所需要的教学信息，并进行加工、组织，用于学员的学习。

3. 军校教员是知识信息的甄选者和把关人

信息时代，强大的网络信息资源在为教与学提供了丰富知识源泉的同时也生产了大量的“信息垃圾”，造成了信息污染，严重影响着学员的健康成

长。网络的虚拟性也使一些虚假的知识信息具有蒙蔽性。一方面,有的学员凭借自己的能力可以不断将获取的大量信息转化为知识,更快地进行知识积累,加快自己智力水平的提升;另一方面,对一部分并不具有相应知识结构的学员来说,他们所接受的大量信息只被作为生活服务和娱乐,没有成为增长智慧、积累知识的有效资源。因此,对网上信息的选择与判断至关重要。在信息与学员之间应构筑一道"防火墙",用于甄选信息、减轻甚至杜绝网络传播的负面效应。教员应准确及时地对知识信息进行甄选把关,指导学员有选择地汲取有价值的知识信息,承担起"防火墙"的职能。

(二) 指导者和促进者

信息时代,以计算机、网络和通信技术为支撑的现代教育技术改变教育的组织形式和方法,使信息获取的渠道多样化,知识传递者这一传统角色也因此而开始动摇并发生改变。例如,从现代教学的模式来看,无论是教员利用多媒体进行课堂教学、或利用多媒体远距离教学的模式,还是学员自主利用多媒体学习的模式,学员学习不再仅仅依赖教员对知识的手工操作,他们将直接面对多媒体,甚至进行"人机"对话学习。教员在知识上的权威地位受到了挑战,计算机网络使学员能够独立自主地获取来自教员以外的大量知识信息;教育者与受教育者的角色地位不再像从前那样固定,学员利用各种信息源不断地拓宽知识面,提高自身素养,使他们在某些方面甚至超过教员。现代教育技术一方面在逐渐瓦解教员的知识传递者这一角色,另一方面又在不断强化教员指导者和促进者的角色。

1. 军校教员是学员学习的促进者

信息时代,学员通过网络就可便捷快速地获得所需要的各方面知识,信息时代的教员不一定是"闻道在先",不再是信息的唯一传播者和知识体系的权威呈现者,而应成为学员学习的促进者。人本主义心理学的代表人物罗杰斯早在60年代就提出"非指导性教学",强调学习只能促进,教员只是一个促进者,帮助学员明确自己想学什么,帮助学员安排适当的学习活动和材料,帮助学员发现学习的价值,建立并维持促进学的心理氛围。建构主义学习理论认为,学习是在一定的情境即社会文化背景下,借助其他人的帮助即通过人际间的协作活动而实现的意义建构过程。这种建构过程,教员不能对其直接发生作用，只能通过激发学员的学习兴趣，强化学员的学习动机，创设符合教学内容要求的情境和提示新旧知识之间联系的线索，促进学员建构当前所学知识的意义。教员作为学员学习的促进者，其角色行为主要表现为：帮助学员确定适当的学习目标，确认和协调达到目标的最佳途径；指导学员形成良好的学习习惯，掌握学习的策略，发展元认知能力；创设丰富的教学情境，激发学员的学习动机，培养学员的学习兴趣，充分调动学员的学习积极性；为学员的学习提供各种便利，为学员的学习服务；营造一种接纳的、支持的、宽容的课堂气氛；作为学习的参与者，与学员分享自己的感情和想法；和学员一道寻找真理，具有承认自己过失和错误的勇气。

2. 军校教员是学员学习方法的指导者

信息时代对于学员而言，最重要的不再是知识的拥有量，而是获取、分析、利用信息的“信息素养”。由此，教员的职能也将由“教”变为“导”。通过调动学员的学习主动性和积极性，提高他们获取信息的能力及充分利用信息资源快速高效地解决问题的能力。作为信息时代的教员，为使我们培养的人才能够适应打赢信息战争、建设信息化军队的需要，就必须掌握“授人以渔”的科学教育方法：利用自己已有的知识、经验和能力等方面的优势，帮助学员在学习过程中保持明确的目标和方向；尊重学员的学习主体地位，多给学员以自主和独立活动的机会和空间，使学员在学习中经常处于主动探索的状态；唤起学员的学习兴趣，激发学员的求知欲望，鼓励学员的好奇心和创造精神，使学员勤于思考，善于发现问题，敢于提出问题，勇于解决问题；训练学员养成良好的学习习惯，掌握科学的学习方法和技巧，指导学员主动锻炼自己的观察力、记忆力、思维力、想象力和注意力，特别是掌握分析与综合、比较与分类、抽象与概括、系统化与具体化的思维方法；培养学员的自学能力，主要包括独立阅读能力，做读书笔记的能力，使用工具书的能力，收集、分析、选择和使用信息的能力，对学习的自我评价和修正的能力等。

（三）合作者

当今社会已处于信息时代，为物理上分离的上级机关、科研院所、部队、教员以及学员之间的合作与交流提供了便利条件，使学员能够更快捷地获得知识信息，对军校教育改革提出了重大的挑战，如何建立新型的合作关系,改变以往制度上分离以及教员之间工作相互隔绝的状况。在教育研究中,教员可以合作研究、交流。在教学的准备过程中,不同地域的教员可以合作,设计课程、开发教学软件,讨论教学方法和教学模式的革新,实现意见交流,经验共享。在教学中,计算机、网络技术使教学具有了广泛的交互性,教员和学员不再受教室束缚,合作的范围从班上的小组扩展到整个班级以及班与班之间、年级与年级之间,甚至院校与院校之间。在这样的合作学习中,教员不再处于控制地位,而变成了学员中的一员,教员可以通过网络与学员进行正式或非正式的交流,并进行研讨,促使学员在合作的学习环境中学习、发展。

1. 体现在学员

教员作为合作者首先是针对学员而言的。这种教员与学员之间的合作强调学员的参与,强调学员在教员的组织和引导下共同讨论和交流,共同批判、考察各种观点、信仰和假说,对各种问题提出自己的看法、提供论据及有关材料,并对别人的观点做出分析和评论。通过这样的合作学习,学习者群体(包括教员和学员)的思维与智能就可以被整个群体所共享,实现人力资源的最大化利用。整个学习群体共同完成对所学知识的意义建构,一方面需要信息技术为实现合作学习提供技术上“物”的支持,另一方面在这种新型的合作学习环境中,更需要教员为保证合作学习的顺利进行提供“人”的协调。教员作为学习合作者的作用不仅体现在合作学习的组织中,还体现在对合作学习过程的引导与促进中。

2. 体现在教员之间

教员作为合作者也体现在教员之间。在传统教学中,独立性被视为教员的职业特点之一。教室是教员的领地,是不容他人染指的,教学质量的高低主要是取决于教员的个人水平。而在信息时代,合作精神显得十分重要。在现代教育技术环境下,由于教学对象、时间和空间的开放性,整个教学过程很有可能不再由一个人独揽。教学中所用的设备和软件也是日益丰富,日益复杂,必须借助于相关专业人员的支持才能顺利进行教学,如网络教学是单个教员力所不能及,教员将作为合作者出现。

3. 体现在教员与部队的关系

教员作为合作者也体现在教员与部队的关系中。新的作战方式、新的战略战术和新的训练方法都可能由院校的专家、教授在教室和实验里创造出来。教员的教学活动及科研实验,既是军事教育领域的科研活动,又是研究性的作战模拟活动。由教员提出的新理论、新技术、新战法、新训法,必须在教室和作战实验室里反复验证,在实兵演练和演习中反复实践。只有教员具有与部队合作的意向,新的作战方式、新的战略战术和新的训练方法才有可能在教室和实验里创造出来。也只有在部队的大力支持和配合下,教员提出的新理论、新技术、新战法、新训法,才能在实兵演练和演习中得到实践检验。

(四) 研究者

研究者应是军校教员最为重要的角色,教员不仅作为知识传授者,还要充当知识创造者的角色。信息时代,由于现代教育媒体代替了教员的一部分职能,使得教员能够从繁重的教学工作中解放出来,拥有更多的时间和精力从事教育科研。教员作为研究者主要体现在以下几个方面:

1. 军校教员是军校教育教学的研究者

首先,军校教员是军事教育科学研究者。军校教员从事军事教育科学研究,是由军队院校高深文化、高深学问的性质决定的。现代教育观念要求军校教员不能只是停留在"知识传播者"的角色上,而要在实践中进行研究和探索。军校教员参与科学研究,一方面可以使知识转化为战斗力,使军队院校成为部队战斗力提高的"发动机",成为高素质新型军事人才的"孵化器";另一方面军校教员参与研究活动,有利于教学活动的开展。军校教员应该冲破传统的"教书匠"的角色,走向科学研究的领域,为部队建设的发展、军校教育的改革推波助澜。其次,军校教员是自我反思、自我建构的研究者。信息时代是一切都在变的时代,军校教员将面对各种新的教育思想、教育资源、教育模式、教育过程、教育教学手段和方法,这就要求军校教员不仅要在情感、意志上不断调适,而且要具备能够分析、讨论、评估和改变其教育思想与教育实践的能力。

2. 军校教员是军事理论和技术的创造者和开拓者

打赢信息化战争,建设信息化军队,需要先进的军事理论作指导,先进的军事技术作支撑。军校教员队伍作为一个富有创造精神的群体,有着得天独厚的条件和优势,应该而且能够担负起创新军事理论和技术的任务。当前,军校教员创新军事理论和技术的任务,就是要创新信息化战争的军事理论和技术。军事理论要驾驭高技术,为高技术掌舵,给高技术确立军事需要;军事技术要为军事理论提供技术和支撑。这要求军校教员在指导思想、基本任务、研究方法、研究手段、研究重点及运行机制等方面具有创新性的思路。军校教员作为创新军事理论和技术的一支重要力量,必须前瞻性地分析与预测世界新军事革命的新趋势,以"以劣胜优"的对策难题为重点,把定性与定量结合起来,增强军事理论和技术创新的魄力。

3. 军校教员是军校课程的开发者和设计者

在传统的教学论中,"课程"被理解为规范性的教学内容,它们是按学科编制的,因此一般认为课程就是学科或各门学科的总和。在这里隐喻着这样的观念,即课程是封闭的、自足的。在这种课程观的支配下,教员是课程的执行者,成为课程实施的中心。教学活动的步骤是先定的,内容是固化的,重心是知识的传输。对此,我们应从更广阔的视野理解课程,课程应该是一个开放的学习环境,是时间上的不断延伸,空间上的持续扩展,内容上的无限包容。可以说,课程不再是静止的、陈旧的,而是活动的、不断更新的;课程不再是死板的、封闭的、狭隘的,而是生动的、综合的、打破学科界限的;课程不再是有形的教科书,而是一种自由的、可供选择的由声音、图像、文本等构成的动态教材。在这种新型课程观的支撑下,教员在课程运作过程中的权力也不再停留在教材的执行者这个单一的角色上,而是扩展到参与课程决策、课程设计、课程实施和课程评价等各环节之中。在具体的课程实施过程中,学员是与教员平等的对话者,他们之间是一种"我—你"关系,都成为课程的主体,共同创造和开发课程。在这种观念指导下的教学过程便成为课程内容持续生成与转化、课程意义不断建构与提升的过程。课程变成一种动态的、生长性的"生态系统"。教员则需对这一"生态系统"不断进行资源的开发、归整,充当课程资源的开发者和设计者。

(五) 终身学习者

当前人类社会进入了"终身学习"的时代,从终身学习理念来看,任何职业水平的发展都有"高原现象"。教员作为终身学习者,不同于学员,由于教员身心发展已成熟,已有稳定的、达到一定水平的认知结构,在教员身上显现出来的学习者角色应是自我发现问题、自我探究、自我解决、不断进取的个体,在一定意义上也可以说是具备自我教育能力的自我教育者。其学习的目的不只是提高自己的学术和业务水平,更主要的是提高自己的教育水平,并直接为教学服务。教员作为终身学习者,主要表现在教育过程中,教员与学员作为教育过程的主体,联结他们的是知识这一客体。而在信息时代由于知识激增和更新速度快,教员为了和学员达到真正的有效良性互动,只有不断地持续学习才能完成使命。教员作为终身学习者,首先是时代发展的要求。为了适应当今知识的更新速度,军校教员必须改掉一劳永逸的获取知识的习惯,不断根据教学工作的需要,获得新的知识和技能。其次,信息时代是创新的时代,只有终身学习才能适应时代发展。要教学员学会学习,自己必须首先学会学习。只有热爱学习的教员,才能培养出热爱学习的学员;只有善于学习的教员,才能培养出善于学习的学员。教员不仅要育人,更要育己,不会育己,便不会育人。再次,教员作为终身学习者也是教员自身发展的必然要求。一名成功的教员总是不断地超越现在、迈向未来。虽然变化中体现出的是教员角色的演变,但支撑这一变化的内在动力是教员学习的因素。

(六)心理调适者

随着科技进步和时代发展,当前学员面临多方面的冲击,一是学员崇尚科学而忽视人文素质。计算机及其网络在军事斗争中的重要地位日益凸显,极大地推进了军队现代化的发展。但是,部分学员在认识到信息技术对建设信息化军队有巨大推动作用的同时,出现了忽视人文科学的倾向,对国防建设的责任感和对战友们的人文关怀逐渐淡化,甚至出现人文品格和道德水平的滑坡。二是观念开放而性格趋于内向。有的学员整日沉湎于网络,在一定程度上使他们的心理性格出现了一些新的问题。交友、看书、锻炼的时间少了,有些学员的性格变得越来越孤僻,出现自我封闭、人际交往障碍,个别学员甚至出现“网络依赖”。三是学员奋发向上的精神受到负面影响。在当今行业中,涌现了一批凭借自己技术力量白手起家的名人,有些学员从这些人身上看到了自己的希望和梦想,在不同程度上动摇了学员对学业传统评价体系的信心。对此,军校教员需要充当心理调适者的角色,及时发现和处理学员存在的各种心理问题和不良倾向。

三、新时代对军校教育师资队伍的新要求

对于一支军队而言,实战化意味着时刻“想打仗、谋打仗、能打仗”。而军校教育作为培养能打胜仗新型军事人才的主渠道,必须主动适应新形势、新任务和新变化,聚焦强军目标实践、信息化发展和实战化训练对人才培养提出的新要求,强力推进军校教育实践创新发展,为实现强国梦、强军梦提供人才和智力支撑。培养能打胜仗人才必须靠一流的师资。紧贴部队实战需求的教学对师资队伍的能力素质提出了新的更高要求。

(一)教员要不断提高军事专业素质

2013 年 11 月 5 日,习近平主席在听取国防科技大学工作汇报时指出:“面对军事斗争准备的鲜活实践,院校教育必须与时俱进,坚持面向战场、面向部队,围绕实战搞教学、着眼打赢育人才,使培养的学员符合部队建设和未来战争的需要,向着部队、实战、未来贴近再贴近。”这一重要论述,深刻揭示了院校教育的使命就是围绕部队建设和未来作战需要来培养打赢人才。军事人才的核心素质就是打仗的能力、实战的能力,作为培养军事人才的教员必须晓于实战,通晓战争,传授战争之道,教授战争之技,解打赢之疑惑,夯实学员当兵打仗、带兵打仗、练兵打仗的本领。这就需要着力培育实战化的教员,但是,目前部分教员对部队建设发展了解不够,精通打仗的教员数量与实战化教学需求还有一定的差距,要不断提高教员军事专业素质,培养实战化的教员。这就客观上要求教员要熟悉部队,了解部队建设发展的最新动态,了解部队建设重点、难点和主要问题等情况,并将这些问题转化为教学问题,增强实战化教学的针对性。

(二)教员要不断提高贴近部队需求的教学组训水平

教育训练贴近部队需求,就是要加快提升教育训练实战化水平,培养能打仗打胜仗的军事人才。客观上要求教员根据实战需要严格施教,具有实战化教学组训能力。围绕实现党在新形势下的强军目标,深化教育教学改

革,不断提高教育训练实战化水平。要按使命任务设计教学内容,使命任务是教学和训练的牛鼻子,具有全方位引领和检验教学水平的功能。要按实战化要求设计教学内容,实战化训练的根本要求是坚持仗怎么打兵就怎么练,打仗需要什么就苦练什么,部队最缺什么就专攻精练什么,把战斗力标准贯穿于军事训练的各层次、全过程,要把作战思想、战斗作风、战斗精神融于教学中,把打赢意识贯穿于教学的全过程中。把灌输式教学转变为研讨式,使学员在相互交流中加深对问题的认识;把理论讲解转变为实践体验,让学员在体验中、在操作实践中形成岗位适应能力。

第二节　军队院校双员型教员的教员基本素质

素质是指一个人在社会生活中思想与行为的具体表现,它包括头脑、神经、感觉器官和运动器官的结构形态和心理特点。双员型教员的素质,包括教员素质和指挥员素质。其中,教员素质是指作为教员,在长期的军事生活和军事教育活动中形成的基本素质。它包括政治的、军事的、文化科学的和生理、心理诸方面的素质,是精神和物质要素的总和。军校教员的素质是由教师素质和军人素质相互融合而形成的,从而使军校教员成为教师与军人的统一体。一方面,军校教员肩负着把自然科学和社会科学运用于军事领域以及培养掌握自然科学和社会科学、军事科学知识的军事人才的特殊责任,必须具备教师和科研人员的基本素质。另一方面,军校教员肩负着培养有别于其他领域的军事人才,必须具备军人应具备的一切素质。军校教员兼教师素质和军人素质于一身。两者相互融合相互促进。如果不具备教师素质,就完不成传授现代科学技术的任务;如果不具备军人素质,就培养不出适合军队现代化建设需要的人才。两者不可偏废,缺一不可。从一般意义上考虑,军队院校教师应具备的基本素质大致包括以下几个方面。

一、军事素质

军事素质是指军人从事军事业务所应具备的专业知识、组织军事活动的能力等方面的基本条件,是军人区别于其他人员的显著特征,也是军校教员素质结构中的重要组成部分。军人的军事素质分为一般军事素质和特殊军事素质。一般军事素质是指军人共同具有的军事素质,如军人仪表、军人气质、队列动作、作风纪律、使用武器的技能等。特殊军事素质是指从事某种军事业务的军人所特有的素质,如从事导弹技术的军人所具备的操纵、研究导弹的技能,从事医学专业的军人所具备的军事医疗技术等。可见,从事不同专业的军人其特殊军事素质的内容是不同的。军校教员的军事素质也是由一般军事素质和特殊军事素质构成的。一般军事素质与其他军事素质内容相同,差别在于其标准更高。特殊军事素质根据所教授的专业不同而各有差异,如政治教员的特殊军事素质是把所掌握的社会科学知识传授给学员,并运用于军事领域;军体教员的特殊军事素质是所具备的军事体育技能和讲授能力等。

(一) 一般军事素质

一般军事素质是军校教员在从事教学过程中必不可少的教学内容之一。教员一般军事素质包括以下方面内容:

第一,丰富的军事知识。战争是敌我双方全面的较量,适应未来信息化战争,军校教员除了掌握所执教专业的丰富知识以外,还应全面掌握军事基础知识,形成以一般军事知识为基础,以专业知识为重点的既有广度又有深度的知识结构。

第二,严整的军人仪表。仪表是指人的容貌、姿态和风度。军人仪表的要求是:军容整洁、姿态端正、风度率直、落落大方等。严整的军人仪表是军人良好生活作风的表现形式,也是美好心灵的反映。它像一面镜子,照见了军人纯朴、正直、威武的阳刚之美。从形式上看,军校是军队的缩影,是反映军队状况的窗口,在校人员的素质反映了军队的素质。教员严整的军人仪表像无声的语言,告诉每一个学员应当怎样做,使他们从教员的威武形象中产生一种英气勃勃的力量。从思想内容上看,军校教员思想健康而充实,理想正确而远大,知识丰富,精神抖擞,胸怀坦荡,心地纯洁,脚踏实地。这种健康向上的精神风貌必然和严整的军人仪表相统一,而构成军校教员崇高的人格。

第三,严格的纪律。纪律是人们遵守秩序、执行命令和履行职责的一种规范,我们常见的条令、条例、章程、制度规定等都是纪律的具体内容。对于军队来说,严明的纪律是凝聚军人集体、提高战斗力的重要保证。对于军校来说,纪律是从事教学、科研活动的保证。军校教员严格的纪律主要表现在以下两个方面:一是严格执行条令条例。要实现军队的正规化,首先要实现军队院校的正规化,院校必须是执行条令条例的模范。二是严格执行校规。军校教员的教学、科研活动是军校教育过程中的主要和重要环节,必须有一定的规范来约束教员的行为。严格执行校规,就保证了整个教学系统的正常运转,保证各部门协调有序地工作。

(二)特殊军事素质

军校教员的特殊军事素质是指对军事科学的教学和科研能力。教学能力是指军校教员通过备课、上课、实习指导等活动,把知识传授给学员的能力。科研能力是指军校教员从事科学研究的能力。这两种能力是一个合格的军校教员在业务方面不可缺少的两个内容。如果不具备科研能力,教学水平就不能得到持续的提高,就不能把学员带进更深、更广泛的知识领域,同样不能成为一名合格的教员。教学能力是军校教学最重要的军事素质,是军校教员区别于其他军人最显著的职业特点,它是军校教员从事科研的前提。教员在教学过程中,通过对某一问题进行备课、讲解,可以发现和提出许许多多的疑难问题,这些问题能够成为科研的出发点,这是教学对科研的启发和促进作用。如果离开教学只攻科研,那么科研成果在教学领域就失去了用武之地。从这个意义上讲,教学能力在军校教员特殊的军事素质中占据主要地位。然而,教学和科研的内容有时不能截然分开,科研的成果往往能够丰富教学内容,拓展教学领域,无论是对教学向深度发展还是向广度发展,都有极大的推动作用。

二、政治素质

政治素质是指军校教员必须具备的坚持党的四项基本原则的坚定的无产阶级政治立场,马克思主义的思想观点和辩证唯物主义、历史唯物主义的思想方法等方面的基本条件。军队是执行特殊任务的武装集团,高度的集中统一是军队的显著特点,它要求军人具备高度的政治觉悟,因而,政治素质是军校教员素质结构中最重要的部分。军校教员的职业特征决定了其政治素质具有明显的特点：严格性和高层次性。军校教员的政治素质不仅关系到自身的发展方向，而且关系到军队建设人才的发展方向。所谓严格性指的是作为军队教育工作者的军校教员，比一般教育工作者对政治素质的要求更加严格和全面。所谓高层次性是指军校教员的政治素质，要达到比一般军人的政治素质更高的层次。具体说，军校教员的政治素质应包括以下内容：

（一）坚定的政治立场

立场就是认识和处理问题时所处的地位和所抱的态度。军校教员必须坚定地站在马克思主义的政治立场上。军校教员坚定的政治立场主要表现在：对每一项工作，每一项言论和行动，都必须以全党利益为出发点，以符合全心全意为人民服务的根本宗旨为最高标准，忠于党和人民的教育事业，有为党和祖国事业献身的高度政治觉悟，坚决贯彻党的路线、方针、政策、政府的政令、法令和上级的命令、指示，在思想上、政治上同党中央保持一致，坚定地站在党性和党的政策的立场上，同各种错误思想和不良倾向作坚决的斗争，勇敢地捍卫党和国家的利益。只有这样，才能教育和引导学员站在马克思主义政治立场上，完成自己的本职工作。

（二）正确的思想观点

军校教员正确的思想观点，指的是树立符合马克思列宁主义、毛泽东思想、邓小平理论、“三个代表”重要思想、科学发展观、习近平新时代中国特色社会主义思想的正确观点。只有树立起这些观点，才能对世界观进行有效地改造，才能提高自己的思想觉悟和认识能力，使主观认识符合客观事物的发展规律，才能达到比较准确地反映客观世界、认识客观世界，才能把马克思主义的立场、观点和方法运用到教学、科研中去，在工作中取得更大的成绩。

（三）较高的政策水平

军校教员是党的路线、方针、政策的宣传者和执行者，其基本职能是把党的路线、方针、政策和军委的指示、命令变为自觉的行动。不了解和掌握党的路线、方针、政策和军队的政策规定,就不了解它们在建设有中国特色社会主义中的伟大作用,更不能自觉地贯彻和执行。因此,不断提高政策水平是政治素质高层次性特点对军校教员的必然要求。

(四) 强烈的事业心

强烈的革命事业心具有鲜明的阶级性,是政治素质的组成部分。军校教员的事业心是指他们从无产阶级和社会主义国家的利益出发,忘我地投身于军事教学、科研活动的一种主观信念,它是军校教员的崇高理想在教学科研活动中的具体表现。主要包括以下内容:一是动机高尚,目的明确。高尚的动机和目的是事业心的思想基础,也为军校教员从事教学科研活动提供了动力条件。二是热爱军校教育工作。要具有满腔的热忱、真挚的感情和高尚的志趣,能为自己所热爱的工作无所顾忌地贡献出全部智慧和力量。三是忠于职守,负责到底。要具有强烈的事业心,对自己所承担的教学科研任务,不仅对近期效果负责,而且对长远发展负责。四是兢兢业业,埋头苦干。树立为军事教育事业献身的思想,以兢兢业业、埋头苦干的态度对待自己所从事的工作,培养出高质量的军队人才。

三、身心素质

教员不仅要把文化科学知识,有目的、有计划地传授给学生,而且还要帮助学生树立科学的世界观和共产主义的道德观,坚定人生信念。因此,军校教员良好的身心素质对于学员的身心健康、学习成绩和思想品德都有着密切的关系。

(一) 身体素质

军校教员肩负着培养各级各类军事指挥、政治工作、工程技术等优秀人才的光荣使命。要完成这些任务,必须具有适应军校教学和训练所需要的身体基本活动能力和身体素质。身体基本活动能力包括走、跑、跳、投、攀爬、游泳等,身体素质包括速度、灵敏度、力量、耐力、柔韧等。一是强健的体魄是完成教学训练任务的必备条件。强健的体魄,首先体现在有健全的、健康的肌体,符合标准的身高和体重,庄重的仪表和姿态;其次有充沛的体力,即具有很强的适应各种条件下完成教学任务的体力,能经得住饥渴、抗得住疲劳、忍得住伤痛的力量;再次是有旺盛的精力,即能承受繁重的教学训练任务给生理上的压力,始终保持旺盛的斗志和激情,不怕困难和挫折,同时还要具备完整的语言表述力,即声音宏亮,语言清晰,具有力度和发音的正确。二是健康的体质是军校教员身体质量的体现。体质和健康是人体的质量,它是人的有机体在遗传变异和后天获得生长的基础上所表现出来的机能和形态上相对稳定的特征。人身心的健康发展最终是求得强健的体魄。三是强健的体魄是指一个人在一定条件下表现出来的巨大忍耐力、良好的适应力和旺盛的精力。身体强健才能头脑清醒、精力充沛、注意力集中、知觉敏锐、记忆力良好、思维敏捷和想象力丰富,这无疑为教学和科研工作提供最有利的条件。

(二) 心理素质

军校教员必须具备适应教学工作的良好的心理素质。一是对教育事业的强烈兴趣。这是创造性地完成教学任务的重要心理素质。要当好一名教员,必须要有终生忠诚党的教育事业,终生从事教育、热爱专业的志趣。当这种志趣深深地扎根于教员的心里时,那就会使自己成为在教育事业上奋发有为的人。二是对教学对象高度负责的情感。情绪是一种不稳定的心理状态,情感是一种比较稳定的心理状态,情绪和情感可以使人的活动积极起来,也可以使人的活动消极起来。军校教员必须在平时的工作中注意培养自己良好的情感,使自己保持旺盛的活动积极性。教员对学员的情感一般可表现为:同情感,即对学员在学习中的某些要求和实际困难予以关怀和同情;关注感,即时时刻刻注意学员的进步和出现的问题,事事关切,帮助解决;责任感,即对学员进步的高度负责精神和严肃态度。三是对困难有坚韧的意志。意志是确定目的并选择手段以克服困难,达到预定目的的心理过程。教员在教学活动中,无论主观上还是客观上都会遇到许多困难,要克服这些困难,完成教学和科研任务,必须具有坚韧的意志力。四是良好的性格。性格是指人对现实的态度以及与之相应的行为方式方面的心理特征。军校教员应具备与人类灵魂工程师称号相适应的良好性格,即对事要公道正派、对人要热情、对己要谦虚谨慎。

四、道德素质

军校教员的职业道德是教员从事军队教育工作所必须遵守的道德规范,是社会主义教师道德和革命军人道德在军校教员身上综合性的具体体现。认识军校教员职业道德的特殊性和重要性,并努力使自己的道德修养达到更高的水平,对于教员做好教学工作、搞好教书育人、协调好各方面关系具有重要的指导作用。

(一)热爱学员,了解学员,关心学员的成长进步

热爱、了解、关心学员是人民军队内部新型关系在院校教育中的直接反映。军校中的教、学员来自五湖四海,互相关心、互相帮助,是人民军队的光荣传统,是革命军人的特有美德。热爱、关心、了解学员不仅对教学工作有着重要意义,而且也关系到国防事业的兴衰。热爱学员、了解学员更是搞好教学工作的前提。学员是教学的主体,爱护学员就能使教学双方关系更为融洽,便于了解学员的情况,因材施教,从而有助于教学计划的顺利实施,更有利于有针对性地开展各种教学活动,同时在学员的成长道路上发挥重要作用。

(二)以身作则,为人师表

军校教员不但是教育者,也是教学的组织管理者。以身作则、为人师表就是要用教员坚定正确的政治思想和高尚的道德情操为学员作出表率,这是军校教员所必须具有的道德要求。学员在校期间和教员接触最多,受教员影响最大,教员在学员中的形象如何,直接影响到学员学什么和怎么学。因此,教员不仅要传授知识,还要注意在思想品德上严格要求自己,在道德上为学员做好榜样,以身作则、言传身教,这样就能够在学员心目中树立良好的形象,从而提高教育效果,发挥教育管理者的作用。一是教员对自己要高标准、严要求。首先应具有坚强的党性原则,在任何情况下都不动摇共产主义的信念和追求,同错误倾向作坚决的斗争,引导学员分清是非,树立正确的人生观。二是教员要言行一致、表里如一。给学员做好样子不仅仅局限在课堂上和表面上,而是要贯穿于教员工作、学习和生活的各个环节,处

处想到为人师表,以自己过硬的言行赢得学员的尊敬。三是教员要在言谈举止上为学员作出表率。教员的举止要端庄大方,谈吐要文明礼貌,衣着要整洁美观,树立良好的教员形象。

(三) 精通业务,勇于开拓进取

教员担负着传授知识、培养智能的使命,职业道德要求教员必须精通本专业理论和业务,不断探索、精益求精、永无止境。当今世界正处在科学技术迅猛发展的时代,这就更要求教员勇于开拓进取,吸收新成果新知识,丰富教学内容,开阔学员视野,闯出新路子。因此可以说,精通业务、勇于开拓进取是教员具有较高的职业道德修养的具体体现。第一,精通业务、勇于进取既是教学的客观要求,又受教员的职业道德支配。教员首先要端正认识、锐意进取,高质量地完成本职工作。第二,努力学习研究教育理论,认真探索教育规律,总结教学经验,积极开展教学和科研活动。第三,永葆刻苦精神。任何成绩的取得都需要付出艰辛的努力,教员要追求新知识,刻苦学习、不断进取,始终争取站在本学科的前沿,以适应形势不断发展的需要。

(四) 治学严谨,谦虚谨慎

谦虚谨慎、严谨求实的作风是我党我军的优良传统,是每个从事教学科研的教员所必须具备的美德。治学严谨、谦虚谨慎既是一种工作作风,又是较高层次的职业道德要求。第一,严谨的治学态度首先来源于踏踏实实的作风,要力戒浮夸。教员在巩固知识、更新知识过程中,始终来不得半点虚伪和骄傲,因为事物在不停地运动发展,任何骄傲思想都将导致失败。第二,尊重他人的劳动成果。教学和科研一样,要广泛地吸收他人的先进经验和劳动成果,侵占他人的成果不仅不道德,而且也是法纪所不允许的。第三,虚心接受他人的批评意见,有错必纠,知错必改。教员应当具有谦虚的态度,虚心接受同志们的意见和帮助。尊重学员意见,做到教学相长。

(五) 团结协作,处理好教学过程中各方面的关系

教员要取得圆满的教育成果,必须协调各方,团结协作。处理好教学过程中出现的各种关系和矛盾,也是教学工作的重要一环,需要在思想上和行

动上加以重视,主动协调好各方面的关系,更好地发挥整体效应。一是要处理好上下级之间的关系,维护军队的集中统一;二是要适应我军改革新形势,处理好军官与文职干部的关系;三是处理好与军事部门、政治部门和保障部门之间的关系;四是搞好教员内部的团结,相互学习,共同提高。

五、专业素质

军校教育是国防事业的重要组成部分,是军队建设的战略重点。担负军校教育的教员是完成教学与科研的主体力量。因此,教员的知识结构与能力结构是否合理,是否符合教员队伍建设的要求,将直接关系到军校的建设和人才的培养质量。因此,军校教员必须具有合理的知识结构与能力结构。

(一)军校教员的知识结构

知识结构是指知识体系的结构。任何一种科学知识体系都有其自身的结构。军事知识是一门集自然科学、社会科学和思维科学于战场的特殊学问,是文理相通的科学。因此,作为军校的教员,知识面更要广博,除了要具备作为一个军人所应具备的一般知识外,还要具备从事某一专业教学所需要的专门知识和相关知识。教员的知识结构主要包括以下六个方面:

1. 系统掌握中国特色社会主义思想理论知识

系统掌握马列主义、毛泽东思想理论知识,是军校教员知识结构中不可缺少的重要组成部分。要熟练掌握马克思列宁主义、毛泽东思想、邓小平理论、“三个代表”重要思想、科学发展观、习近平新时代中国特色社会主义思想的基本原理及其立场、观点、方法方面,对于提高辨别是非的能力、洞察事物的本质、掌握变化的规律性都是十分重要的,而且能为建立合理的知识结构打下辩证唯物主义思维方法的基础。

2. 基本的文化科学知识

教员的主要职责是教学,把系统的文化科学知识传授给学员。这就要求教员不仅要精通教学大纲所规定的知识,而且还要具有广泛的文化修养和兴趣爱好。知识的涉猎面越广,容量越大,懂得东西越多,才能使自己的教学内容更丰富,更有说服力。当今的学员社会信息量增大,思想日趋活跃,兴趣更加广泛,求知欲日益增长,教员只有具有基本的文化科学知识和多方面的兴趣爱好,教学才能得心应手,有效地启发学员独立思考,提高教学质量。

3. 必备的军事知识

军事知识是军校教员知识结构中的一个必备的重要组成部分。军校教员首先是军人,军人就要懂军事。因此,每个教员都必须学习军事、熟悉军事、掌握必备的军事知识和技能。军事知识包括诸多方面,有人把它概括为"八知",即:知理——军事理论知识,知史——军事历史知识,知天——军事气象学知识,知地——军事地形学知识,知己——军事心理学知识,知物——军事技术学知识,知彼——外军知识,知我——我军知识。努力掌握和具备这些方面的军事知识,既是军校教育本质的客观要求,也是军校教员知识结构的特色所在。

4. 精深的专业知识

专业知识是军校教员知识结构中的主体,专业知识深厚宽广并能有效运用是教员自身发展的基础,是"传道、授业、解惑"的前提。因此,每个教员都要切实掌握所授学科的知识和技能,并逐步达到精通的程度。只有深钻细研,才能把握所授学科知识的内在体系和必然规律,教给学员掌握其专业知识、技能的方法。每个教员需要精读、深钻,以丰富自己的知识,并在教学实践中刻苦学习钻研、勇于进取。

5. 广博的相关学科知识

一名合格的教员不仅专业基础知识要精深扎实,而且还应具备广阔的与专业密切相关的知识。一般地说,相关学科的知识主要有两大类。一是同教学直接联系的学科或者说是相毗邻的学科,如伦理学、心理学、教育学、社会学、政治学、历史学、逻辑学、文学、法学、美学等;二是间接作用于教学的系统论、信息论、教育工艺学、智育心理学、学校卫生学等。

6. 熟悉掌握教育学和教学法的基本知识

熟悉掌握教育学和教学法的基本知识是顺利进行教学的重要保证。军校教员应该学习并掌握教育学以及所担任学科教学法的基本知识和技巧,来指导自己的教学实践。教育学是从理论上系统地总结和揭示教育的科学规律和方法的一门科学。是否掌握教育理论和技巧,将决定着教员教学活动的成败。通过教育学的学习，就可以比较系统地了解教学的目的、教学的原则、教学的过程、教学的方法等一系列重要教育理论与教育技巧，自觉地运用教学规律，根据教学内容、学员的实际接受能力，选择切实有效的教学途径和手段，以达到教学的最佳效果。

（二）军校教员的能力结构

能力是教员进行教学实践活动的稳定心理特征。教员的能力绝不是单因素的，而是多种能力的综合，一般包括组织教学能力、运用教学大纲能力、驾驭教材能力、课堂教学能力、语言表达能力、板书能力、科学研究能力、开展第二课堂活动能力、思想教育能力等。这些能力虽有区别，但又互相联系、互相影响、互相渗透，正是这多种能力的统一，构成了军校教员所必备的最佳能力结构。另外，作为一个军校教员，应具备多方面拓展能力，如教学观察能力、创造思维能力、演示实验能力、因材施教能力、制作与使用教具能力、对学员进行思想教育和常规管理能力以及处理课堂偶发事件的能力等。这些能力的形成和提高，只有通过勤奋刻苦的学习和努力，才能逐见成效，完成所肩负的教学任务。

第三节　军队院校双员型教员的指挥员基本素质

指挥员素质与军人道德、知识、作风、智力、情感、意志以及性格等方面的修养相互影响、相互促进。指挥员才能修养主要有组织指挥、教育训练、行政管理、政治工作、语言表达以及改革创新等方面的内容。

一、组织指挥

（一）组织指挥才能的作用

组织指挥才能是军事指挥员最基本的能力之一，它直接关系到作战的胜负。同样一支军队，组织不当就可能丧失战斗力，组织合理就能充分发挥战斗力；指挥有方就能抓住战机、出奇制胜；指挥失误就可能错失良机、遭受失败。组织指挥才能不仅是一种艺术，也是一种神奇的战斗力。善于单个格斗的军队,尽管训练有素,但如果指挥员缺乏组织指挥能力,则会败于数量少于自己而善于组织不善于格斗的敌人。随着战争的发展和武器装备的改进,组织指挥方式、手段也在不断发生变化。在冷兵器时代,用鸣金击鼓的方法指挥;而在枪炮、坦克以及原子武器出现后,指挥手段得到不断发展;现代化通信工具日新月异,出现了多层次、多渠道的指挥。随着现代化兵器的发展,现代战争兵种之多、战场之广、变化之快都是以往战争所不可比拟的,所以组织指挥的作用越来越重要。指挥员如缺乏卓越的指挥才能,部队就难以形成坚强的战斗整体,便不能充分发挥整体优势而赢得战争的胜利。

(二) 组织指挥才能的基本要素

军事指挥员的组织指挥才能是由多种智力要素组成的一个有机整体,组织指挥才能的高低是其智力强弱的集中表现。它的形成过程亦比较复杂,主要包括以下四个方面:一是观察思维能力。观察思维能力是指挥员通过对战场情况的观察、侦察和其他各种手段获取情况以及对这些情况进行综合分析、判断的能力。它既是组织指挥的组成部分,又是直接有效地从事组织指挥活动的客观依据,是实施正确组织指挥的前提条件。二是决策运筹能力。决策运筹能力是指军事指挥员善于运用先进的决策理论和运筹技术对某一实践活动中各种因素加以综合权衡,不失时机地谋取整体化最佳方案的能力。军事指挥员只有提高决断运筹能力,掌握和运用先进的运筹理论和技术,善于制定和筛选最佳方案,才能使自己在战场上立于不败之地。三是处置调度能力。处置调度能力是指军事指挥员能综合利用有限的作战空间,审时度势,选定最佳战机,迅速合理地使用兵力和火力,运用恰当的作战手段,用最经济的兵力和最有效行动给敌人以致命的打击。指挥员善于选择战机和创造战机,还应在一闪而过的战机到来之时,适时地捕捉它。特别是在未来的战争中,战机往往稍纵即逝,更需要指挥员具有高超的处置调度能力,才能抓住有利的战机,达到预定的目的。四是应变能力。由于战争充满着不确定性和偶然性,作战行动不可能按着预想的计划按部就班地实施,而必须根据不断变化的情况,随时做出新的判断,采取新的措施,积极主动地去实现预定的作战目的。随机应变是指军事指挥员在总的作战任务或作战目的的前提下,根据战场情况的发展变化而采取的迅速而果断的行动。上述构成组织指挥才能的四个方面是互为作用、紧密联系的。指挥员只有在组织指挥才能上得到全面发展,才能在未来战争中成为运筹帷幄、决胜千里之外的谋士良才。

二、教育训练

教育训练是培养军事人才的教学活动。军事指挥员的教育训练才能,是指其能圆满完成对部队教育训练任务的主观条件。军事指挥员是部队教育训练的领导者、组织者,又是教育者。只有指挥员的军政素质好、要求严、方法得当,才能训练出作风扎实、意志坚强、技术过硬、能攻善守,适应实战需要的革命化、现代化、正规化的战斗集体。否则,势必影响部队面向科学、面向世界、面向未来的建设。

(一)善于统筹规划

就是能够依据教育训练大纲和上级的训练指示、计划,科学地制定本部(分)队的教育训练计划。所谓科学,就是善于从实际出发,从未来作战的需要出发,尊重训练规律。在具体组织训练时,合理地规定训练任务,使各科目合理穿插配合,做到动协搭配,充分利用各种训练器材、场地,最大限度地调动指战员的积极性,在最短的时间内,取得最佳的教育训练效果。

(二)教学能力

教学是搞好教育训练的中心环节,是衡量军事指挥员有无教育训练才能的重要标志。教学能力主要表现在:一是教学目的明确,能独立编写作业想定、讲义、教案及各种教学材料,绘制各种教学图表;能有效地进行备课和组织指导别人备课、试讲、试教;能够合理地设置各种训练场地、演习场地;能够制作或改良必要的训练器材。二是亲自任教,达到会讲、会做、会教。这些都是基层指挥员必须具备的素质。会讲,就是能用严谨、系统、趣味的语言,把教材的内容和有关的知识传授给部属,做到讲授正确、知识性强、重点突出、语言生动、逻辑严谨、引人入胜。会做,就是能做出标准的示范动作,敢说:“照我这样做”。会教,就是能针对不同的教学内容及对象,选用适宜的教学方法和手段,在规定的时间内,将规定的教学内容传授给受教育者,并能有效地开发受教育者的智力。

(三) 善于组织

组织得好坏与否是搞好教育训练的关键。组织得好,就能调动各方面的积极性,提高学习兴趣。组织得不得当,就可能出现事倍功半的结果。要做到组织合理、科学,一是善于培养和使用典型。典型在教育训练中能起到以点带面的作用,能更有针对性地回答教育训练中的一些普遍存在的实际问题,抓典型是行之有效、说服力比较强的一种教学方法。同时,军事指挥员又要善于选择、培养和使用骨干,对骨干要用其所长,先走一步,教给方法。二是善于根据不同的教育训练科目,适应教学内容特点和教学规律的要求,从教学对象的实际出发,进行科学组织、合理安排,充分调动指战员的积极性,提高训练效果。三是在教育训练中,坚决贯彻"严格训练,严格要求"的方针,言传身教,一丝不苟,动作准确,严格把关,注重养成,既练技术、战术,又练思想作风,既注重技能的发展,又注意纪律、作风培养,使受教育者德、智、体全面发展。四是会组织检查考核,主要是能正确执行考核标准和考核制度,能制定必要的科目验收标准及考核实施方案,能组织实弹射击、战术模拟演习和实兵战术演习等。

(四) 善于总结

教育训练的总结,就是通过对一个时期的教育训练的全面情况或一个阶段的教育训练的某一方面情况作系统的回顾、分析和研究,总结经验教训,找出规律性,做出有指导性的结论,以利于下一步工作的开展。比如,抓先训单位的经验,就要注意经验的切实可行,不能可望而不可及;对部队一次演习的总结,就要通过对演习过程的回顾,确实看到演习成功的经验和失误的教训是什么,同时,还要重点研究学术思想方面的收获体会,力争做到有新的发现、新的创造,为部队训练提供新经验,把部队教育训练推向一个新高度。

(五) 着眼实战,勇于改革

实战是检验教育训练成果的"试金石"。只有在未来实战中过得硬,才说明教育训练成果扎实,方法对头。所以在教育训练中就要把标准定在实战的需要上,做到仗怎么打,兵就怎么练。在教育训练中,还要根据未来战争的特点和作战任务,有计划地组织部队进行适应性训练,提高其适应力、机动力和坚持力,并能适当地改革教育训练内容、方法和手段,勇于开创教育训练的新局面。

教育训练才能对于不同层次中的军事指挥员,要求的侧重点也不相同。高中级军事指挥员主要是从战略、战役的全局和部队长远建设出发,考虑教育训练的方针、原则、方法和全局的安排等方面;而初级军事指挥员重点则在研究训练计划的具体制定、方法的选择、科目的穿插配当及其训练组织、学员(骨干)的培训等问题上。所以,不同层次的军事指挥员要根据自己的职责范围和要求,努力培养和提高自己的教育训练才能。

三、行政管理

军队行政管理是专门研究部队行政管理活动规律的科学。我军行政管理的原则、制度和方法,体现了人民军队的性质、建军思想和建军宗旨,而我军的行政管理又注重通过思想政治教育、军事科学知识教育达到管理的目的。所以,我军的行政管理又称为管理教育。它的基本任务是:贯彻共同条令和有关条例、规章制度、维护良好的内外关系、增强官兵团结、建立正规的战备、训练、工作和日常生活秩序等,严格组织纪律、培养优良作风,管好装备物资、预防各种事故等。管理教育是部队的经常性工作,是搞好其他各项工作的基础和重要保证,军事指挥员带兵、养兵、练兵、用兵水平的高低是其行政管理才能的重要体现。军事指挥员行政管理才能的标准是:深刻认识管理教育的基本原理和规律,掌握管理教育的基本原则,善于运用管理教育的基本方法,能够充分调动广大指战员的积极性、创造性,落实有关的条令、条例和规章制度,使所在部队具有高度的政治觉悟、良好的凝聚力和坚强的战斗力。

(一) 掌握管理教育的科学原理

管理教育的基本原理和规律揭示了管理教育诸要素之间的相互关系,是我军管理教育的重要理论根据。军事指挥员只有充分深刻地认识和理解管理教育的基本原理和规律,才能为正确贯彻管理教育的基本原则和实行正确的管理方法奠定坚实的理论基础。管理教育的基本原理包括整体效应原理、士兵基础原理、军纪约束原理、启发自觉原理和干部决定原理等。

(二) 坚持管理教育的基本原则

军事指挥员能否坚持我军管理教育的基本原则,是衡量其行政管理才能的一个重要标志,同时也只有坚持这些原则,才能把部队管好、带好。我军管理教育的基本原则是:官兵一致,政治平等,严格管理,耐心说服;集中统一,发扬民主,教养一致,训管结合;按级管理,各负其责;干部带头,以身作则。这些原则体现了我军的性质和宗旨,正确地阐述了官兵关系,强调了干部在管理教育工作中的地位和作用及其这些原则之间的关系。军事指挥员只有在实践中认真贯彻这些原则,才能最大限度地调动所属官兵的积极性,带出平时和战时都能过得硬的部队。

(三) 采用正确的管理方法

军事指挥员只有坚持运用正确的方法管理部队,才能带出一支纪律严明、作风过硬、战斗力强的部队。因此,能否采用正确的管理方法带兵,是检验指挥员有无行政管理才能的主要标志,也是提高管理教育才能的一个重要方面。典型的管理方法包括身先士卒、多用表扬、管教一致、制度管理、做好统筹、分工负责、思想教育等。

四、政治工作

军事指挥员政治工作才能,是指通过思想工作和组织工作,保证部队顺利完成一切具体工作,巩固提高部队战斗力的主观条件。政治工作才能是指挥员才能修养的重要课题。在未来战争中,政治工作只能加强不能削弱,更不能取消或用其他手段去代替,必须不断研究新情况,解决新问题,研究新方法,总结新经验,使其更上一层楼,发挥保证和服务的巨大威力。

(一) 依靠党的领导,善于团结同级一道工作

军事指挥员必须自觉地接受党委(支部)的领导,及时把上级指示、官兵

的思想动态和个人工作意见提交到党的会议上讨论，按时向党委（党员大会）报告工作，接受党委（党员大会）的批评监督成为团结党委（支部）“一班人”的模范，充分发挥骨干的积极性和创造性，和政治工作人员密切合作，工作中互相支持，主动配合。有了不同意见，要主动谈心，沟通思想，消除误会，统一认识，不闹无原则纠纷。

（二）实行群众路线，充分发挥各级干部和骨干的作用

群众路线是我军政治工作的根本路线。必须坚持从群众中来到群众中去，实行领导和群众相结合的工作方法。善于通过各级组织发动与组织群众，完成各项任务。在基层要建立一支强有力的思想骨干队伍，广泛开展群众性的思想工作，团结带领群众完成各项任务，加强部队的全面建设。

（三）抓住中心，带动一般

政治工作千头万绪，军事指挥员要善于从实际情况出发，确定一个时期的工作重点，集中主要力量抓好主要矛盾，解决主要问题。同时，要统筹兼顾，使中心工作和经常性工作经纬交织。既要防止把各项工作并列起来，不分主次缓急，或头痛医头、脚痛医脚，造成忙乱和被动；又要防止孤立地抓重点，忽视经常性工作，影响部队的全面建设，要把中心和一般有机地结合起来，使中心带一般，又使一般促中心工作，要把革命精神和科学态度融为一体，加强计划性，建立有效的工作秩序。

（四）思想领先，说服教育

军事指挥员在实际工作中，必须坚持思想领先和说服教育的原则。无论是解决思想问题，还是解决实际问题，都要坚持从思想入手。当部队执行作战、训练等任务时，要及时摸清各种人员的思想状况，有针对性地进行动员，并把思想政治工作贯彻到各项具体工作中去。要坚持疏导的方针，启发群众自觉扫除各种思想障碍，提高大家完成各项工作任务的自觉性。

（五）善于运用典型，推动工作

运用典型，以点带面，是推动各项工作的有效方法。先进典型，是对部

队进行思想教育最生动、最实际的教材，是推动各项工作的动力。典型要有现实性、针对性和代表性，要根据部队建设的实际情况，抓好不同的典型，使大家在各方面都有学习的榜样。善于用积极因素克服消极因素。对典型要常抓不懈，注重实效，反对形式主义和有意拔高。

五、语言表达

语言表达才能是军事指挥员以口头或书面的方式，表达自己的思想、认识和情感的能力。语言作为传递信息的工具，在我们日常生活中、工作中、思想交流中都是不可缺少的。如果一个人缺乏语言的表达能力，不仅会在实际生活中闹出许多笑话，也难以向周围社会传递准确而生动的信息和进行有效的思想交流。军事指挥员要完成组织指挥、教育训练、政治教育、行政管理等一系列工作任务，没有一定的语言表达才能是难以实现的。语言表达才能是军事指挥员的基本才能，是其他各种才能的共同基础。同时，语言表达才能又是其他能力，如观察能力、反应能力、思维能力、组织能力、教育能力强弱的具体表现和反映。因此，军事指挥员只有注重语言表达才能的修养，才能为提高其他诸种能力提供有利的条件。语言表达是一种艺术，也是一种才能的表现。指挥员语言表达的基本要求是：针对性强，鲜明、准确、生动等。

六、改革创新

改革创新才能就是抛弃事物中旧的不合理部分，创造适合客观情况发展的新的理论、新的观点和新的技术手段的能力。军事指挥员具有改革创新才能是军事实践活动不断发展的客观要求，是其必备的基本能力之一。改革创新，思维方法得当就能发现问题，科学地确定改革目标，取得事半功倍的效果。这里介绍四种基本的方法：一是比较法。这种方法的作用是进行高度的概括，加深对同一事物的规律和个别事物的特点的认识，用以指导新的行动，对于研究军事理论、作战原则具有重要的指导意义。二是目标法。这种方法是根据军事活动的发展，首先确定研究的问题及其达到的目标，再根据目标的性质和要求，探讨实现目标最优方案的一种方法，其特点是先确定目标，再根据目标的特点及需要寻找实现目标的途径和方法。三是统筹法。常用网络图的形式,简洁明确地表达各种军事活动的逻辑顺序及相互关系,对复杂的军事活动进行系统分析和统筹安排的一种方法。运用统筹法可以在同一时间、同一地点、同一目标,对投入战斗的兵力、兵器、时间等统筹安排、组织。四是迁移法。迁移法就是将其他领域的有关知识用于军事活动,使军事活动更加科学化的一种方法。总之,军事指挥员只有具备改革创新才能,才能适应军事实践活动不断发展的需要,在平时军队及国防各项建设活动中和未来战场上,做到有所创造、有所前进,达到开创新局面的目的。

第四节　军队院校双员型教员能力素质模型构建

军队院校教员,需要融教员和指挥员二者素质于一身,具备双员型教员能力素质。同时,教员和指挥员二者又有所联系、相互融合,构成一个整体,对军队院校教员整体能力素质有一个质的提升。军队院校双员型教员能力素质模型,就是将教员、指挥员能力素质结构融合,对二者进行有机统一。

一、双员型教员能力素质需求分析

(一)教学着力点需求分析

强化"教为战"意识。仗怎么打、兵就怎么练。在进行教学设计时,应以实战要求为标尺,贯穿"打赢"意识,坚决杜绝内容简单化、教学程序化、组织形式化以及火药味不浓等问题。比如实装作业和综合演练,在组织筹划、场地设置等方面要以实战为标准,提高学员的实战意识和战场应变能力。应坚持从难从严,转变学风训风,进一步强化"训练场即战场"的意识,克服"学为考、练为考、演为看"等现象,改变教学训练中存在的片面强调保安全等消极现象。

强化靠拢部队理念。"源于部队、高于部队、用于部队"是教员教育训练机构开展教学训练的基本遵循。和平时期,军事训练是战争的预实践,是军队的中心工作,必须牢固树立与部队训练对接的育人理念,勇于破除旧观念、旧经验的束缚,从人才培养方案、课程标准和训练《大纲》等具体法规入手,进行量化分析,明晰教学训练与部队训练任务的内容区别,不断充实新技术、新训法、新装备,提高教学内容的适用性和针对性。

强化实践教学理念。实践教学是以想定作业为内容的教学方式,有着即点即看的基本特点,对提升学员的岗位任职能力具有重要作用。根据培训对象的特点及需求,设计实践性较强的教学活动,重点关注实践课教学质量,针对预提、升级教员教育培训"短、频、快"的特点,优化教学环节,构建内容层次有机衔接、组织形式互为照应的多位一体实践教学体系。同时,按照"因材施教、分级分组"的思路,依据专业岗位和培训层次灵活编队组训,使培训更加贴近受训教员实际需求。

（二）教学能力需求分析

培养"能打仗、打胜仗"的实战人才,要求教员必须具备与打仗相适应的教学能力,练就打仗本领,以真实的实战化情境培养符合实战要求的学员。

对照打仗标准,锻造合格"战斗员"。一是自训。对照战斗员标准和教学任务,查弱项、找短板、补不足,借助岗位练兵和备课试教等平台,自我加压,不断提高。二是集训。以教研室或课程教学团队等为单位,以单兵实战标准组织集训式比武训练,逐步提升教员的战斗技能。三是跟训。统筹部队实兵演习和专业教学任务,有计划地以学员身份分批深入一线班排参加演习和训练,切实提高自身能力素质。

围绕提升素质,培育优秀"指挥员"。一是岗位练兵。采取灵活多样的训法,突出加强指挥员实战中应具备的体能技能、战法研创、想定作业和指挥技能等训练。二是送出培训。选送部分教学骨干和有发展潜力的教员,到相关院校进行培训深造,学习研究人才培养、实战化训练的经验做法。三是部队任(代)职。着眼教员担负的实战化教学任务,分批次选送到相应专业部(分)队担任(代职)指挥员,在指挥员岗位上组织实战化教学训练活动,在实践中锻炼,提升能力素质。

结合岗位特点,磨研过硬"教研员"。一是要强化"教"的能力。采取专题研讨、教学比武等传统方式,夯实教员专业基础,练好教学基本功;以名师名课评选、打造优质课精品课、部队一线备课等方法,提高实战化教学的有效性和针对性;通过知识培训及时更新增加知识储备,了解、把握学科专业与实战化训练领域的发展趋势和前沿成果。二是要强化"研"的能力。通过参加军内各种形式的专业学术团体和学术活动，深入研究联合作战、信息战等新型作战形式，以及体系破击、特种作战等新战法精髓，拓宽教员的视野，提高其研究创新的能力，在实践中学、析、思、干，提高实战化教学研究的水平。

（三）课程设置需求分析

适应未来战争形态的发展变化，必须走出"以教员为中心，以教材为中心"的传统教学路子，创新教学模式，优化训练内容，切实按照打仗标准组织教学。紧贴未来战争特点，设"精"课程内容。对教员教育训练机构来说，有什么样式的战争就对应设置什么样的课程。应克服课程体系"大而全"、教学内容"散而广"、教学形式"单而浅"等问题，由偏重"设全"向注重"求精"转变。

一是精心构建课程体系。着眼打赢信息化条件下局部战争，探索基于体系作战理论教学，构建以提高信息化素养为指向的专业理论课程。同时，加强联合作战军兵种运用教学、联合作战保障法应用教学等内容，构建以提高教员组训能力为指向、与教员任职岗位发展需求相适应的课程体系。二是精细优化教学内容。着眼提高教员联合作战素养，把握核心、突出重点、抓住关键，克服内容安排过多、课堂灌输过满等问题，力求多中求少——"讲精"、博中求精——"讲细"、细中求实——"讲准"。三是精选实战教学案例。认真研究近年来世界高技术战争实例，按照"适用岗位、难易相当、事例典型"的原则，组织资料汇编和战例研究；充分利用文字、图片、音频视频等多媒体手段，将相关案例深加工成官兵喜闻乐见、方便研究的形式，以供教学运用；根据教学内容、教学进程，适时组织分析讨论，让学员在交流研究中长知识、强本领。

注重学员个体差异，用"活"教学方式。准确把握学员个体差异，量身定做个性化培养方案，灵活方式培养创新能力。一是设置"菜单式"课程。采取"分课程、分专题、分类别、分任务"等模式将课题模块编排成目录"菜单"，便于学员根据岗位需求、学习情况和时间安排，有针对性地在"菜单"中自主挑选课程。二是强化规范性。细化规范综合素质培养指标和具体实施标准，对课程的选、学、评等相关环节内容进行明确，使各项能力素质指标可评、可考、可操作。三是强化"自主式"学习。着眼发挥学员主观能动性，以专业班次为单位，借助参加讲座、研讨会、兴趣小组等平台，组织形式多样的专长培训、组内交流、比武竞赛等活动，激励学员自主创新学习，培养独立解决问题的能力。

突破传统教学模式，设“真”模拟环境。教员要注重综合运用情景式、对抗式等多种手段营造逼真的战场模拟环境，使学员获得全身心全方位的摔打和锻炼。首先，必须熟练掌握教学模拟器材的构造性能、操作规程、维护保养和注意事项，准确设置模拟器材运用时机和教授方法，增强课堂实战效果。其次，设置灵活多样的情景模式。采取情景设置、现场模拟等形式，教员编组调动教学双方积极性，切实达到模拟器材为教学导，实现共同参与教学活动。比如，按照特勤车驾驶、汽车维修、饮食保障、野营保障等不同专业设置多个岗位，让学兵进入情境，担任不同角色，负责不同战位，通过这种现场的角色体验、真实的(或虚拟的)操作，真度高的战斗情形，实现教学训练与任职岗位的无缝对接。再次，要注重教学相长，做到方法手段与教学目标统一，学习训练与研究思考统一。

二、双员型教员能力素质构成模型

构建双员型教员的能力素质模型是构建双员型教员队伍的基础，因此，需从实际需要出发，系统、准确、全面地概括出双员型教员所必备的能力、素质要求。双员型教员能力素质，要求既要具备教员的能力素质，也要具备指挥员的能力素质。从教员来说，可从教员基本能力要求和专项业务能力要求入手。从指挥员来说，可从基础能力、指挥能力、作战能力三方面来分析。从而形成双员型教员能力素质结构，如图 2-1 所示。

双员型教员能力素质结构是一个有机的整体。

（一）教员和指挥员能力相互促进

教员和指挥员两种角色在教学工作中相辅相成、互相促进。教员是讲授知识、培养能力的主体，拥有教员的能力素质，才能完成本职、培养人才；同时，指挥员是教员在实战化教学工作中承担的角色，拥有指挥员的能力素质，才能面向实战，培养打仗人才；成为指挥员的教员，才能培养学员打仗能力，真正提高学员的指挥管理水平。

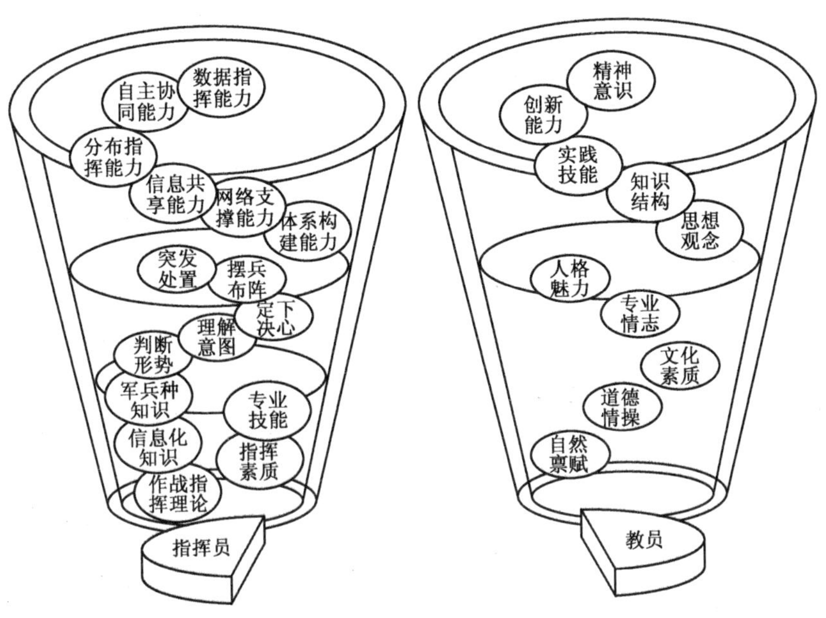

图 2-1 双员型教员队伍能力素质模型

(二) 知识、能力、素质之间相辅相成

教员的能力素质要求教员不但要具备基本的教员和指挥员的知识，同时也要通过教学实践和指挥实践，提高教学能力和指挥能力，在实际工作中，强化素质。知识是能力和素质的基础，能力是拥有知识运用的过程产生的，素质是在长期锻炼中形成的。可见，培养双员型教员必须兼顾三者，在协调发展中进步。

(三) 实践检验是能力素质的目标和准则

双员型教员的能力素质，只有靠实践来提供标准，只有通过实践检验才能真正体现出来。知识易学、易检验，而能力是在工作进行中形成和检验的，素质是在习惯中形成和发展的。只有通过实践检验，才能确定教员的能力素质水平。

三、双员型教员能力素质层次模型

英国心理学家弗农发展的“层次结构理论”指出，分层模式是最常见的一种架构模式,是很多其他架构模式的基础。分层描述的是这样一种架构设计过程:从最低级别的抽象开始,称为第 1 层,这是系统的基础,通过将第 N 层放置在第 N-1 层的上面逐步向上完成抽象阶梯,功能逐步完善直到最高级别。参考计算机软件开发中常用的分层架构模式,本研究基于前述素质构成分析,通过要素关系分析和重新整合优化,提出一个军校教师专业化素质分层架构模型,如图 2-2 所示。

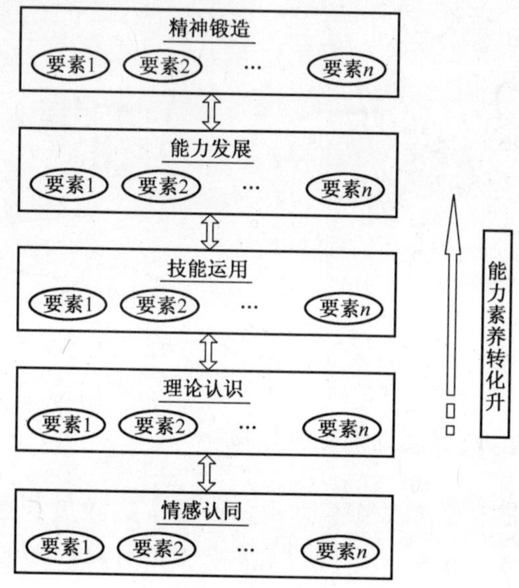

图 2-2 军校教师专业化素质分层架构

所构建模型从下到上,应当包含情感认同、理论认知、技能运用、能力发展、精神锻造等五个层次(或五个分系统)。其中,情感认同是动力,理论认知是基础,技能运用是保障,能力发展是核心,精神锻造是保证。

每方面又包含若干子项,共同形成了一个起始于情感认同、终成于能力素质和精神风貌的系统转化与升华的过程。能力素质发展从低到高逐层而上,高层次素质由低层次素质逐步融合涌现而成,上一层以下一层为基础和前提,掌握上一层能力后反之又可对下一层能力的重要性作出再审视。

第一,情感认同包含了对教师岗位重要性的认识,对国防教育教学一线工作的兴趣和态度,对通过国防教育能够推动学员职业发展、推动军队战斗力生成和强军目标达成的坚定信念,以及最终形成的军人使命责任意识等。考虑主体对于军校教师岗位的主观认识和感受,从主体情感层面出发来界定职业态度和意识，丰富素质内涵的同时，也指明了军校教师能力素质培养的逻辑起点。

第二，系统掌握相关专业知识和教育教学知识，形成精深、整合的知识体系，应注重打牢理论基础，特别要关注教育教学理论、军事学理论和信息化作战理论等相关知识的不断积累。

第三，能够熟练运用各种教育教学技术，训练开展教育教学的各项技能。如信息检索、加工、教学资源制作、课堂多媒体运用、教学实施、控制与评价等，尤其是新时期军队院校教育转型背景下要求教师掌握的必备技能，如慕课制作、实战化信息化教学手段运用等。

第四，通过反复实践探索形成教育教学实践、创新的能力，如教育教学科研理论与实践创新、教学内容规划与设计创新、教学资源开发创新、信息化教学环境创设、教学模式改革等。

第五，具备了较高的能力并不意味着就真的能发挥作用，专业自我发展的重要导向是形成新时代军人特有的精神风貌。铸就献身国防、爱岗敬业、纪律严明、作风优良、品德高尚的崇高境界，形成高于一般高校教师的职业操守和职业作风，是军校教师专业化能力素质发挥作用的有力保证。构建以情感认同为动力、理论认知为基础、技能运用为保障、能力发展为核心、精神锻造为保证的军校教师专业化素质基本架构，结合了概念的主体取向和社会取向，兼顾了军校教师的自然属性和社会属性，指明了军校教师专业化素质形成的实质是一个情感意志、知识技能向教育实践和创新能力转化的过程，即通过情感驱动、理论认知、技能训练和实践探索逐步升华为创新能力和精神境界的过程。

在军校教师专业化素质形成过程中，较强的创新能力、良好的精神风貌与情感认同、理论认知、技能运用之间互为因果、相辅相成。一方面，职业情感、知识体系、专业技能通过培养、习得及实践探索逐步内化为创新能力，并进一步提升精神境界；另一方面，精神境界的升华和创新能力的提高又增强了教育教学实践活动的有效性，从而使职业情感、专业知识和技能得到进一步强化。几种要素互相影响、互相促进，在教育教学实践活动中共同推动着教师素质向着更高层次迈进。当然，军校教师专业化素质的基本要素又由几个相互关联的次级要素构成，应具体进一步展开分析。

第三章

军队院校双员型教员队伍能力生成研究

历史经验表明，院校的人才培养质量主要取决于师资队伍建设水平。随着军队院校各项改革任务的稳步推进，建设一支既具备过硬专业素质，又善于指挥打仗的双员型师资队伍是院校实现使命任务的关键所在。然而，目前院校师资队伍建设的理论和方法尚不能适应双员型教员能力培养的客观需求。因此，为有效提升教员的能力素质，加快双员型教员的培育、培养，必须坚持以习主席强军目标为思想指导，着眼双员型教员能力素质需求，构建能力生成理论，研究能力生成方法，探索能力生成路线及应该把握的基本原则。

第一节　军队院校双员型教员队伍能力生成理论

军队院校双员型教员队伍能力生成理论，主要包括师资队伍培育理念转型、能力素质转型、队伍结构转型等三方面主要内容。在实战化教育的大背景下，军校教育师资转型要以这些方面为突破，才能真正提升军队院校实战化教育质量。

一、加快培育理念更新

教育理念是实现教员队伍培育的思想先导。因此，若要推动“双员型”教员队伍能力生成，则必应先推进教育理念更新。

（一）坚持“学为主体，教为主导”的理念

现代教育理念认为，学生在教学过程中不再是被动的接受者，而是对问题和矛盾有自己独特的认识和见解的独立个体，一方面，军校学员普遍具有一定的学习能力和研究能力，另一方面也具有一定的自我教育能力和自我管理能力。因此，学员已不满足于以教员为核心的知识灌输式教育，它们更希望能与教员的平等、深入交流，并创造性地进行学习和研究。这就要求院校在培养教员的教育理念过程中，应坚持“学为主体，教为主导”的理念，以满足新时期院校职能任务的需要。具体来讲，就是要鼓励教员在教学思想上敢于多元互动，与学员多交流、多沟通，并且真正成为学员的良师益友。要鼓励教员在教学实施过程中运用多元互动，设法让学员主动参与到教学过程中，将学员的学习实践和经验体会与教员及时分享和探讨。此外，还要鼓励教员在教学管理过程中创设多元互动。例如，教员可以邀请部分优秀学员担任助教，由这些学员助教参与到教学准备、实施以及管理的各个环节，这样一来，不仅有利于充分发挥出学员的特长，培养学员的综合素质，同时在此过程中，也非常有利于培养和提升教员的指挥协调能力，进而为双员型教员的培养奠定基础①。

（二）坚持“能力本位”的理念

长期以来，院校教育的客观实践更多地偏向于知识的传授。传授知识是教育的前提和基础，对于打牢学员扎实的科学文化基础具有十分重要的作用，但不是最终目的。学员毕业后的任职岗位要求院校的教学必须具有很强的实效性和目的性，即必须能做到学以致用才能适应未来岗位的实际需要。鉴于此，要培养双员型教员，就必须让教员的教育理念从“知识为上”向“能力为上”转变，具体来讲，主要就是要让教员充分考虑到学员的自身特点，尊重其学习的自主性，准确判断学员的学习动力和学习需求，营造良好学习氛围，确立发展变化的学习观，挖掘学员的综合潜能，找到学员自身的

---

① 陈锋，任玉彬.实战化条件下军校师资队伍建设思考[J]，2016(5).

优势和特点后,鼓励其发扬并不断提升,同时对于学员自身的劣势和不足,要帮助其着重改进和提高,并引导学员学会运用辩证唯物主义和历史唯物主义的思维方法进行正确理解、思考和解决现实问题,使之真正将所学知识内化为实际能力。

(三)坚持"联合教育"的理念

目前,进入21世纪以来,世界各军事强国都十分重视联合指挥人才的培养。当前,我军院校培训已经延伸到军(兵)种作战指挥人才的联合作战基础培训。因此,教员队伍尤其是双员型教员必须首先树立起军(兵)种联合教育的理念,并按照未来战场指挥人才成长和发展的客观规律,将联合作战的基本素养贯穿于学员培养的全过程。具体来讲,就是要鼓励教员运用联合思维去培养塑造学员,强调通过创建、积累、传授以及运用知识,促进学员自觉运用联合角度思考问题的能力。同时,要积极推动联合职业教育教学工作,切实担负起发展和创新联合作战知识体系的任务,主动投身于院校到部队一体化训练的实践探索中去,为联合作战实践提供理论指导。此外,各级教育主管部门要设法通过科研立项、课题攻关、成果表彰等多种形式,加强对教员探索联合作战指挥人才培养基本理论、应用理论和重大现实问题的研究的支持力度①。

二、促进教学能力跃升

古人云:"教之本在于师"。院校教员队伍的能力素质强弱不仅是院校综合实力的决定性因素之一,而且直接影响到人才培养的质量。虽然不同层次、不同类型的院校对教员队伍能力素质的要求不尽相同,但是作为双员型教员的能力素质跃升的基本要求和规律是相同的,主要包括以下四点。

1. 突出实践应用能力

要求学员要适应未来部队岗位的实际需求,则首先要求教员必须具有一定的部队实践经历和较强的实践能力,了解和掌握部队基层发展的最新动态,才能使教育更具有实效性和针对性,双员型教员则更要做到这一点。

---

① 侯春牧,董洪强,王亮.军队综合大学实战化训练研究[J].国防科技,2014(10).

实践表明,没有丰富的阅历经验做基础,教学往往只能是照本宣科,更不能讲透讲活,院校教学质量自然就会大打折扣。因此,双员型教员必须要从以往具备的一般教学能力素质向突出实践应用的素质能力跃升。具体来讲,包括具备相应岗位或机关参谋岗位任职经历,到本军(兵)种或其他军(兵)种部队连、营或团一级的指挥岗位任职代职经历或院校科研单位工作经历,具有其他军(兵)种部队指挥岗位任(代)职经历;组织或者参与过部队重大演习、联合训练,以及反恐、维稳、处突、维和以及抢险救灾等非战争军事行动,以及经常到部队进行参观、讲学和调研活动等,了解相关任职岗位特点和工作规律,才能使讲授的教学内容真正贴近岗位应用和作战任务需要,真正将"为战教战"落到实处。

2. 突出信息素质

上世纪末的海湾战争,在全球范围内引发的新军事变革是迄今为止人类历史上最为深刻的军事变革,使得"信息化"成为新一轮军事变革的本质特征与核心要素。从此,战争的基本形态也正逐步由机械化战争向信息化战争转化,而且这种转化具有根本性、整体性和系统性的特征,这对于我军建设以及院校教育的各个方面都产生了强烈的冲击和影响。因此,这就要求院校教员要开展实战化的教学就必须将传统的知识结构和能力素质向着一种更高级的认知技能——信息素质进行跃升。具体来讲,双员型教员要具备很强的信息意识,即能够主动敏锐地捕捉瞬息万变的信息,并努力提升在信息活动中的积极性、主动性和创造性,而且还要系统掌握信息知识,尤其是涉及实战化方面的信息知识以及获取信息的基本能力,才能真正成为一名晓于实战且不被信息时代所淘汰的教学名师。此外,还要具备一定的信息开发能力,即鉴别、处理、加工、创新的能力,即可以根据需求对信息进行加工和整理,并可以将其灵活运用到教学实践中①。

3. 突出创新能力

长期以来,院校的教学实践中,授课教员主要依靠自身所学知识和所从事专业的经验积累,按照院校教学的内在规律,及时跟踪学科专业的发展前沿,来进行专业教学的理念创新和实践创新。然而,当前面向实战化的教学

① 王成学,单岳春,邹本贵.军队院校实战化教学教员队伍建设探讨[J].大学教育,2017.05.

改革则要求双员型教员必须着眼于当前以及未来部队战斗力建设的实际需求和发展目标,并非仅从学科教学的一般原理出发,而是必须从军事训练与部队建设最需要解决的现实问题出发。因此,军队院校教学的目的性非常强,重在学以致用,故双员型教员队伍的素质能力必须要由注重专业教学能力向创新能力跨越。具体来讲,双员型教员要善于发现各种岗位层次的教学规律和特点,要用科学的教学理论指导教学改革,要针对不同的授课对象,敢于大胆提出新设想,并构建适应多方向和多层次的教育教学模式,而不是满足于既有的科研成果、经验总结,要敢于另辟蹊径,不盲目相信权威,对于学术问题要敢于质疑,不墨守成规,不崇拜偶像,且要敢于冲破传统的思想禁锢。总之,教员在坚持自己的独特见解的同时,还要积极引导教育对象敢于进行思想创新和实践创新。

4. 突出灵活多样的教学方式方法

多年来,院校教学往往更注重强调教员课堂传授知识的能力,这样固然是有利于教学的组织、管理和教学过程的把握。然而,在新形势下,其缺点和不足也日趋显现,主要表现在学员的主动性、积极性不足或被压抑,在一定程度上阻碍了学员创新能力的提升与发展,这不符合现代教育的基本要求,更不适合于军队院校的学员培养。因此,面向实战化教学,双员型教员需要从课堂讲授能力为主向具备运用多种教学方式方法能力转变。具体来讲,双员型教员要掌握实践操作性强的教学方法。教学过程中要进一步增大军事专业操作、科学实验和综合演练的比重,加强模拟和实际岗位锻炼,多实施案例式、“研讨式”教学,在组织方式上要尽量开展“自主式”“开放式教学”以及“专题讲座式”“现场问答式”和“协作式”教学等新颖、灵活、多样的方式方法。同时,还要注重对学员的启迪和点拨,传授给学员学习和思考的方法,提升学员主体意识,以充分调动其主观能动性和自主性,力求在“授人以鱼”的同时做到“授人以渔”。

三、促进队伍结构转型

双员型教员的培养并非只关注个体成长,而是要用系统化的思维,构建层次合理的教员队伍。即要逐步建立由院校专业教员为主体,部队任职教官和特聘专家为补充的师资队伍力量体系。其主要包括以下三个方面。

（一）专业教员

作为院校教学工作的主体力量，专业教员一般是指在院校专门从事人才培养工作的专职教员，主要承担院校的基础理论和理论性、专业性强的学科专业教学科研任务。由于其长期从事院校教学科研工作，因此专业教员普遍具有精深的专业理论基础和基奠深厚的学术造诣，同时又熟悉军事人才培养的特点和院校教育教学规律，并具有较强的理论教学和研究能力，因此专业教员必然是当前乃至今后一个时期教学工作的核心力量。针对专业教员的地位作用和自身特点，为将其培养塑造成为双员型教员，以适应实战化教学的客观需要，可以从以下三个方面着手。

1. 拓展专业知识

众所周知，精深的专业知识是广大教员知识结构的核心要素，也是其有效履行教学工作的基本前提，同时，也是学科专业建设发展和军事人才培养的基本源泉。然而，随着信息技术在教学实践中的广泛运用，无论教育者还是受教者获取专业知识的途径都变得更方便、更快捷，这就要求广大教员尤其是双员型教员，不仅要在本专业知识的掌握上更前沿、更完整、更系统，还要不断学习和拓展相关领域的新知识、新技能，才能更好培养学员的专业技能和学习能力。因此，双员型教员必须具备终身学习的理念，紧跟时代步伐，充分利用一切机会为自己“充电”。同时，院校也要为双员型教员知识面的拓展创造各种有力条件。

2. 丰富经历阅历

根据相关调查数据显示，目前院校专业教员的军事职业经历和经验积累普遍不足，许多院校仅有不到三分之一的专业教员具有跨单位流动经历，绝大多数专业教员更是缺乏其他军（兵）种院校任职经历，从校门到校门的教员占相当大的比重；尤其是偏重于工程技术类的院校专业教员队伍更为突出。因此，为培养双员型教员，各院校必须依靠政策和制度来保证专业教员丰富其经历阅历和队伍的合理流动。具体来讲，可采取严格把控教员选调条件和标准，尤其要注重对其部队任职经历的考察，并进一步加大院校教员到部队任、代职力度，积极推行军官岗位轮换制，推动院校教员与部队军官双向交流等。以上是当前乃至今后一段时期内改善教员队伍经历阅历结构的有效方式和主要渠道。

3. 改善学缘结构

所谓院校教员的学缘结构，一般是指教员的来源构成状态①。据统计，当前院校中“师生同校”“同学同室”非常普遍，即从教员专业来源的角度讲出现了“近亲繁殖”；换言之，从外校引进的教员所占比例偏低，特别是来自知名院校毕业的教员更是少之又少。值得注意的是，这一现象带有普遍性。因此，为改善院校专业教员队伍的学缘结构，尤其是要培养双员型的教员队伍，就必须拓宽教员的来源渠道，注重“远缘杂交”，尤其要扩大外源比例，另外，对“本土”教员也可采取对外送学的方式补充外来“基因”。

（二）部队任职教官

除抓好专业教员队伍建设外，加强部队任职教官队伍建设②，使之成为双员型教员队伍的组成之一，也是适应实战化教学需要，改善教员队伍结构的有效手段之一，尤其是针对指挥类院校和士官学校。然而，调研发现近几年部队任职教官到院校从教积极性普遍不高，主要是所在部队没有把其院校从教经历作为提拔任用的重要条件，有些干部回部队后甚至被边缘化。对比外军，军官的从教经历是其走向成功和进入高层的跳板，因此我军也要重视部队任职教官任教后的提拔任用，调动部队干部到院校从教的积极性③。对于教官队伍建设，主要需把握以下四个方面：

1. 合理确定教官编配比例

据统计，外军院校普遍重视教官占比，平均在50%以上，某些指挥院校其教官的比例甚至达到了80%。近年来，我军院校借鉴外军院校的经验做法，部队任职教官占师资队伍的比例也相应有所提高，但还没有达到合理比例。其中，学历教育院校更应打破教员来源相对单一、军事特色不鲜明的局面，并根据学科专业特点和培训对象需求，有计划、有步骤地从相关部队选调一批部队任职教官，作为师资队伍的补充力量，并占有一定的比例。同时，任职教育院校要尽快解决院校教育与部队训练相脱节的问题，加大部队

---

① 魏玉宽.军队任职教育实战化教学模式探析[J].西安政治学院学报，2018.10.

② 陈锋，任玉彬.实战化条件下军校师资队伍建设思考[J].继续教育，2016(5).

③ http://wapbaike.baidu.com.

任职教官选调力度，增加部队任职教官编制数量，逐步实现由目前以院校专业教员为主、部队任职教官为辅，到部队任职教官与院校专业教员比例相当的过渡。

2. 积极拓宽教官选调渠道

借鉴外军的成功经验，结合我军实际特点，可实行军委(兵种)下达指令与院校自主选调相结合的方式。军委(兵种)下达指令是指军委(兵种)根据院校需求和部队干部编配情况，定期给院校和部队下达教官到院校任职的命令。院校自主选拔可采取两种方式进行：一是利用办学优势，从在校部队学员中选拔，即部队现职干部培训学员和攻读研究生学位的学员。学员在校学习期间，院校可根据学员的学习成绩与能力素质，对其中具备教官素质的学员进行登记备案，建立备选教官库，待学员毕业回部队任职后，再进一步跟踪考查，适时与其所在单位沟通协商后选调到院校任教。二是与部队政治部门建立联系，深入部队选拔。通过到部队调研以及参与重大军事活动，及时发现教官“苗子”，并跟踪考查，再适时与其所在单位协商，选调到院校任教。

3. 高度重视教官培训

实践经验表明，由于院校和部队工作岗位特点和工作性质不同，以及院校教员成长具有一定的周期性，往往导致部分选调教官到院校教学岗位后，短时间内确难以胜任教学工作。因此，院校必须高度重视部队任职教官的岗前培训，使其尽快熟悉院校工作规律和特点，尽快掌握教学技能和教学方法，顺利完成角色转变，以实现人尽其才，尤其是要避免因水土不服而导致的人才浪费。

4. 合理制定教官任期

据悉，美军院校教官任期一般不超过 3 年，其中陆、空军院校教官每 3 年轮换一次，海军院校教官每 2 年轮换一次。土耳其联合军事学院的教官主要是从部队选调，在院校工作 2 年，最多 3~5 年。从目前来看，部队任职教官一般在院校只工作 1 年，由于时间过短，部队任职教官大都刚熟悉院校工作，就要回部队任职，导致其作用发挥不够明显。因此，借鉴外军经验，并结合我军的实际情况，建议部队任职教官的任期以 2 年为宜。并且还要建立配套制度，将教官任教经历作为其日后成长进步的重要参考，以此充分调动部队干部担任教官的积极性。

(三)特聘专家

院校教学岗位的特聘专家是指根据院校教学需要,从上级机关、作战部队及地方高等院校和学术机构等聘请的,承担专项课题教学科研任务的专家。由于其身份的特殊性,虽不能直接成为双员型教员的一员,但其在院校工作期间,对双员型教员的培养与带动具有重要意义。特聘专家具有人员范围广、涵盖领域多、可供选择性强,以及权威性、针对性和说服力强等特点,是院校师资队伍的重要补充。纵观世界各军事强国,其军事院校都比较重视发挥特聘专家的作用,例如埃及纳赛乐高等军事学院还聘请数十名退休将军任教,发放双份工资,以发挥他们实践丰富的优势;美军空军军官学校 1999—2000 学年的教员中有退役军官 5 人,其中有空军上将 2 人,军士长、中校、准将各 1 人①。另外,西方有些国家的军队院校甚至没有一个教员编制,全部从军地聘请。这些经验做法值得我军借鉴,以缓解院校人才资源短缺、结构不合理等现状。建设特聘专家队伍主要需把握好以下三个方面:

1. 要按需选聘

按需选聘重在"需",即院校聘用专家切实要针对本院校的教学需求和师资力量建设需求,坚持按需选聘,实施精确、有效的管理,确保特聘专家队伍始终能够集纳国内外、军内外优秀的人才,满足院校教学研究需求。根据院校培训目标定位和任务特点,合理确定专家人选。专业技术类院校主要是聘请军内外专业技术方面的知名专家和学者,而指挥类院校主要是聘请部队、上级机关的领导或参谋军官,以及科研院所的高级研究人员或管理人员。

2. 要进行有效管理

可专门为特聘专家建立专门的人才信息管理机制,院校可根据教学需要和师资队伍建设需要,及时跟踪了解国内外、军内外相关领域的学术权威和学术研究成果,建立特聘专家库。此外,跟踪掌握特聘专家的工作变更和

① http://wapbaike.baidu.com.

学术研究动态，及时调整专家库人选，保证每个主要教学领域都有多位特聘专家，以供为双员型教员成长选配帮带导师。同时，院校教务部门通过采取邀请专家参加院校重大活动，或通报院校教学科研工作动态等方式，使特聘专家了解掌握学院教学科研要求和师资培养需求，及时调整教学研究内容，提升教学质量和教员队伍培养效果。

3. 要拓宽专家来源

特聘专家不一定必须是有很高学术声望的教授、学者，也可以是在某些领域发挥专家作用的在校研究生或年轻的参谋人员，关键在于其能否为院校教学或教员队伍建设发挥作用。因此，进一步拓宽特聘专家队伍渠道，是军队院校开放办学，充分利用国内跨领域、跨机构、跨部门优质资源，拓宽教员知识结构和视野、提升教员思维层次和能力素质的有效举措。

第二节 军队院校双员型教员队伍能力生成方法

教员的能力素质并非与生俱来，同其他专业素质一样，需要长期的培养磨练。从院校的角度讲，提升双员型教员教学能力的方法手段主要依靠开展相应的培训和相应的岗位锻炼。

一、组织专项培训

专项培训是指针对“双员型”教员培养中某一具体问题所组织实施的培训。这种培训，当前主要是根据院校师资队伍发展规划、部队信息化建设以及军事斗争准备的实际情况来组织实施的。根据培训内容、培训层次的不同，培训可以由本院校组织，也可以安排教员参加上级统一组织的培训。无论采取哪种形式的培训，都必须整体筹划，科学组织，合理安排，注重实效。

（一）合理确定培训重点

培训的重点内容可根据实际需要灵活设置，但必须盯住双员型教员的短板，有针对性地设置安排。一般可从以下四个方面进行设计。

1. 战略素质

众所周知，未来的信息化战争是在陆、海、空、天、电磁以及网络和心理等立体、多维的，且是在超大空间同时展开的全维度、多角度的战争。战略、战役、战术行动以及政治、经济、文化、外交和军事斗争需要高度融合。作战行动和作战力量高度一体化和系统化，战略、战役、战术行动高度融合化和统一化，在战略指导下的战斗行动直接达成战略目的的作战已经成为一种新的常态。因此，这就要求军队院校所培养的指挥军官必须具有很强的战略观念和驾驭全局的能力。所以，院校要及时结合信息化联合作战样式、联合战法、联合行动的探索，组织相关战略观念、战略意识、战略思维等方面的专题性培训，并以此提高双员型教员的战略眼光和能力素质，进而为其成长奠定相应的基础。

2. 创新素质

最近一百年来，人类的科技进步可谓是日新月异，任何人墨守成规的思想都将逐渐被时代淘汰。在军事领域，信息化技术给作战样式、作战方法、作战手段的创新留下了更为广阔的空间。20 世纪 90 年代以来发生的几场局部战争，都在不断创新着各种武器装备和作战样式。可以看出，几乎每一次战争的作战方法与作战手段都给人以耳目一新的感觉，并一次比一次地呈现信息化战争的端倪。不难预见，未来信息化条件下的各军兵种联合作战，将会以更多的面貌出现在战争舞台上，即未来战场对各类军事人才的创新素质提出了新的更高要求。这就促使各军事院校必须结合信息化战法、训法和手段，结合信息化建设的技术、系统的实际，培养各类军事人才的创新素质，尤其是信息化条件下联合作战的样式、组织形式、指挥方式创新，以及信息化条件下军事谋略运用的内容、形式、方法、手段的创新等。以上几个方面的能力素质，双员型教员必须先行具备，才能有效开展诸如此类的教学训练问题。因此，院校必须要以人才培养需求牵引创新，以创新推进教员队伍建设，进而打造各级创新型指挥人才。

3. 信息素质

21 世纪以来，世界各军事强国都在大力推进以信息化为主导的新军事变革，以信息技术为核心的高新技术在军事领域得以广泛运用，战争形态正发生深刻变化，武器装备信息化的特征也日益突出。例如美军仅一艘航母上的计算机就有 1500 多台，再如一架经过改装的 B-52 战略轰炸机上的计算机达数百台。由此不难理解，信息时代军事人才的综合素质中，最重要的就是以信息知识和信息技术为核心的信息素质。而随着我军建设向信息化转型,对各类军事人才的信息素质都提出了不同的要求。因此,各院校必须结合信息化建设的需要,遵循滚动发展、循序渐进、分步推进的原则,经常性地组织全体教员尤其是双员型教员的信息素质培训,以适应军队未来的信息化建设和联合作战人才培养的迫切需求。

4. 新装备(技术)

近年来,随着我军信息化建设的深入开展,目前部队对院校的一大需求就是高科技武器装备列装之后的使用与维护培训问题。这一问题甚至成为制约着新装备战斗力形成的主要瓶颈。研究表明,目前计算机的核心部件CPU几乎每18个月就更新一代。信息时代下的新装备虽然更新速度不如计算机那么快,但升级换代的频率也越远高于机械化时代。尤其是以信息网络为核心的各级指挥信息控制系统、武器作战平台、信息作战单元等信息技术含量大的装备,普遍具有牵一发而动全身的特点,每一个信息节点的更新,都会引起相链接的其他装备的变化。打铁还需自身硬,要培养出适应信息时代的指挥员,就必须先行培训好教员,尤其是双员型教员,必须及时参加新装备、新技术方面的培训。

(二)科学确定培训步骤

就双员型教员的培训方法而言,需根据培训的内容特点以及培训对象的实际情况有针对性地设计。对于不同的培训内容自然要采取不同的方法,但基本都可以归纳为以下四个主要步骤:

1. 确定培训专题

双员型教员的能力素质培训目标指向性很强,就是要围绕战略素质、创新素质、信息素质以及新装备(新技术)等方面有针对性地开展。因此,每次培训都要依据培训目标和标准要求,明确具体培训内容,尤其是根据工作岗位需要的一些具体内容应该明确界定,切忌笼而统之、大而化之、概而略之的培训计划,要细化到岗位需求的具体内容上,增强针对性和可操作性。

2. 进行培训准备

培训准备阶段主要是培训内容的备课准备、培训器材准备、场所准备以及教材准备等。由于备课准备程度直接影响到培训效果,必须严格把关。

因此，负责部门或人员要依据培训目的和标准要求严格审课，并适时组织试讲，做到不符合要求不准上讲台。教学器材装备准备一定要根据培训内容需要准备齐全，保证完好率，尤其是网络、数据库、操作平台、武器系统、装备等都要确保完好，以保障培训效果以及培训工作的顺利实施。同时，受训的双员型教员也要积极参与到教学准备当中，也要将参与准备的过程视作能力提升的机会。

3. 抓好培训过程

培训过程的组织是培训的关键一环，是保证培训人员、时间、内容有效衔接的决定因素。首先，要加强过程质量控制，根据受训教员的基础状况和接受能力，适当调整培训进度、培训方法、培训形式，使之更加符合培训对象的实际；此外，还要适当安排相应的个体消化、理解、训练的时间，同时需要加强过程中的辅导和指导工作，以确保训练质量。在正常开展培训过程之外，还可以根据受训教员的实际情况适当安排一些计划外的专题讲座作为补充。

4. 组织培训考评

为准确掌握培训效果，提高培训效益，同时也是为进一步优化培训设计与组织，而必须坚持培训要有结果，考核要有结论，培训使用相结合的原则，每次在培训的过程中或者结束时，都要依据培训目标和培训标准组织过程考核和结业考核，并维护培训考评的权威性和严肃性。因此，要根据培训对象的考核表现和实际成绩，对其做出相应的评价，并记入个人素质档案，并作为双员型教员成长进步的重要依据。

二、探索外部协作

当前，军事领域所包含的技术具有层次高、运用广、更新速度快等特点，自然对军事人才的综合素质要求高、需求迫切。因此，军事院校除了利用自身的培养系统外，还需要根据信息化建设和信息条件下联合作战训练需要等具体情况，积极与其他院校甚至地方院校以及科研院所建立协作培训双员型教员综合素质的有效机制。放眼世界，西方发达国家军队通常采取先训后用、再训再用、训用接轨的方法来实现对军官和教官进行反复培训的模式。也就是说这些军官和教官普遍具有多次培训的经历，以适应部队建设和岗位的需要。同时,很多国家还十分注重依托国民教育体系为军队培养高素质人才。例如,美军现役信息技术人才中,从国民教育高等学校中直接吸纳的占了30%,而每年美军新任命的初级军官的70%是由国民教育高等学校输送的。此外,在美军三军军官研究生中,陆军的大部分、空军的70%、海军的20%都是依托国民教育培养的。目前,全美有500多所国民教育高等学校设立了后备军官训练团,其培训学生数量占美军每年新任少尉军官的60%以上。伊拉克战争中,美国陆军参战的第三机步师、第四机步师、第八十二空降师和第一〇一空中突击师4个主力师师长,有3个是硕士、1个是博士,操纵"爱国者"防空导弹、"捕食者"无人驾驶飞机和"阿帕奇"武装直升机等高技术兵器的军人有三分之一是信息技术专家。由此可见,外军为大力提高官兵的信息知识基础素质,充分借助于国民教育资源,已成为培养信息型军事人才的重要途径。据悉,法军指挥军官在校培训人数约占其总兵力的14%;日军在校军官占其总数的10%;印度军官除必须经过院校培训外,还强调走出国门、留学培训,其现役中级军官中大多数都有在国外高等军事学府深造的经历。外军的这些做法值得我们学习借鉴,因此各院校在培养双员型教员的同时应充分利用各类教育资源,积极探索协作培训的路子,具体应把握以下四个方面:

(一)明确定位

组织协作培训是指为双员型教员队伍建设解决急需、紧缺的高素质人才,而院校内部又无合适的力量或条件,因内部无力、无条件培训,只有借助外部力量进行协作培训的路子。协作的对象通常是其他军事院校、地方院校,科研院所或者技术力量雄厚的单位。协作培训的内容通常是部队最新的作战战法、手段上的技术重点、难点问题。协作培训的方式可以是请进来也可以是走出去。协作培训的主讲教员根据需要可以是其他院校教员中技术骨干,也可以是部队作战指挥机关人员,或是作战系统的操作人员,协作培训的时间可根据内容而定。总之,就是从需要出发灵活组织,力求取得实效,而不是为了培训而培训。

(二)制定计划

制定科学的计划是组织好培训的基本保障,院校要根据部队信息化建设和信息作战研究的需要，确定好协作培训的内容，与协作培训支援单位共同制定培训计划。计划的内容主要包括：培训的目的、主要内容、组织形式、培训时间、参加人员、参训要求、质量标准等。根据培训计划的具体安排，协助担任培训的单位组织力量进行充分的培训准备。重点是加强培训内容准备、场地准备、器材设备准备等。其中，最为重要的是培训内容准备，因其直接关系到培训效果，必须组织专家严格把关，并要依据培训目的和标准精选内容、精细设计、精心备课，确保培训质量。同时，对参加培训教员的基础素质也要严格把关，力求将参训人员统一在一个起点上，以利于组织实施教学培训。

（三）控制过程管控

控制过程管控是落实计划必不可少的环节，也是确保协作培训质量的重要措施。因此，在协作培训过程中，一定要根据协作培训的特点，加强培训过程控制。控制的主要手段就是要及时了解培训中的教学情况，主要是根据培训对象的基础状况和接受能力，掌握培训内容的进度、深度、难度是否适度，培训方法、培训形式是否适当，培训保障是否满足要求，反之，就应及时与协作培训单位和任课教员沟通，作出适当调整，确保培训质量不受影响，必要时可根据信息反馈情况及时调整培训计划。

（四）评估效果

效果评估是检验培训质量，发现和改进问题的重要一环。因此，每次培训结束后，要对培训效果作出评估。具体是依据培训目标和培训标准及培训内容确定不同层面的评估体系：一要从知识层面对培训对象的能力素质作出评估；二要从意识层面对培训对象的能力素质做出评估；三要从综合能力层面对培训对象信息素质作出评估。协作培训的目的、内容、要求不同，评估的内容也不同。根据评估结果，对培训对象的信息素质水平做出评价，并记入素质档案，作为评价参训教员素质的基本依据，同时也作为改进培训的重要参考。

三、利用岗位实践

“从战争中学习战争”是我军培养优秀指挥员的宝贵经验，更是践行“实践是检验真理的唯一标准”的具体体现。利用岗位实践培训无疑是培养双员型教员的有力手段,具体讲就是指在工作岗位,结合部队信息化建设和实战化训练实践对教员素质的培养和锻炼,重点是抓好以下三个方面:

(一)培育自觉意识

心理学认为,人的素质的形成并不完全是一个外塑的结果,而是一个在实践中主动构建的过程。研究表明,实践与人的心理的形成发展有着密不可分的关系。也就是说,人参与实践的态度越主动、越积极,从实践中得到的收获和提高就越大。所以,结合工作实践有意识加强对教员素质的培养,必定会收到更好的效果。因此,院校教员要依托部队信息化建设的平台,注重在实践中主动参与、主动实践、主动思考、主动探索、主动积累,处处留心皆学问,实践中最易于发现问题、最需要研究问题、最便于解决问题。同时,在解决问题中可以更好地受教育、获经验,以促进自身的素质全面提高。

(二)精心设计过程

为了取得更好的实践培训效果,就不能没有目的、没有约束、没有标准、顺其自然,而必须强化实践培训设计。所谓实践设计就是运用系统方法分析实践培训问题和确定实践培训目标,并建立解决实践培训具体问题的策略方案和组织实施方案,使实践培训有序、顺畅实施。对实践的设计,主要是根据教员队伍建设的具体项目或训练的具体内容,从中找出与双员型教员素质培养的内在联系,将其作为一个培训内容或一个实践课题,确定实践培训的目的、标准与要求。并在此基础上,依据项目或训练完成的一般过程,找出培训的知识点或关键点,提出需要解决的问题以及问题所涉及的各项知识、实践性要求,具体操作中应注意的问题等。

(三)严密组织实施

要取得好的效果,达到预期目的,就必须加强过程控制。具体来讲:一要向参加实践培训的教员讲清实践培训所要解决的具体问题,明确实践目的,提出实施的具体要求。二要明确实践培训的具体分工,参加实践的人员所担负的实践任务,相互协作的方法,并做好相应的知识、理论及技术准备。

三要把握实践关键点。实践的关键点,就是对于完成实践任务起决定作用的工作环节或重要问题,往往也是需要把握的能力素质的关键点,因此在实践过程中要重点解决好关键点问题。四要加强实践指导。实践指导的过程就是培训的过程。实践培训的组织者要密切跟踪实践过程,掌握项目完成的进度和质量,及时纠正存在的问题,带有共性的问题要组织集中指导讲评,既解决项目问题,也解决培训问题。五要搞好实践培训总结,项目的完成也是培训的结束,必须搞好总结。具体到围绕培训目的实现的情况、培训解决的主要问题以及主要收获,培训存在的问题以及克服的办法等。

四、开展在线训练

信息时代,网络作为一种最便捷、最广泛、最迅速的信息设备,既是一种最丰富的教育资源,也是一种最普及快捷的教育平台。尤其近年来,随着网络技术的发展和普及,依托计算机网络开展的各类教育手段得到了很好的普及和应用。所谓在线训练,就是指依托网络教育平台,按一定的教学目标、教学策略组织起来的,以微视频为主要载体呈现知识点内容,在指定的教学周期内,将知识讲授、学习体验、互动研讨、交互答疑、练习作业、考核评价等教学环节完整在线实现的课程。利用网络对双员型教员进行培训,可以充分利用网络资源丰富、信息量大、传输速度快、交互性强等特点。目前,网络培训作为最具信息时代特征的培训模式,已经成为当今社会教育培训的首选,深受世界发达国家军队的普遍重视。据悉美国有 21 所军事院校和 43 所公立大学为美军开办互联网远程教育,网上学习官兵多达 50 万人。英、法、德、日等国家也重视运用网络培训军官。有人预测,在不久的将来,网络教育的覆盖面、网上的教育力量将会大幅度增加。双员型教员素质的培训和提高,也可以走以普及网络培训为主的路。具体来讲,有三种模式可供选择:

(一)讲授式

传统的讲授型培训模式以教员口头讲授为主,穿插一些图片、视听资料和教学课件的展示,以实时教学、即时交互、双向可视为特点,主要用于集中培训示范、辅导答疑和有时效性的培训活动等。然而,信息技术发展到今天，实时网络教学系统能够实现端到端的文本、图片、声音、静态和动态视频的实时传输，身处异地的教员与培训对象可以共享同一屏幕。基于网络的讲授型培训模式是一种双向交互现场教学模式，是传统讲授教学模式在时间和空间上的延伸。但主讲教员仍然起主导作用，只是面向异地培训对象讲授教学内容，扩大了教学规模，进行教学监控和指导，有利于培训目标的实现和培训效率的提高。培训对象在这种模式中并不是被动地听讲，可以通过电子举手、调用答疑模块等方式获得与教员交流的均等的机会，培训对象认知主体的地位得以体现。

和传统模式相比，主要区别是在讲授过程中教员在直播室内进行现场教学，培训对象在异地远程多媒体教室里听课，并且可以通过教学网络进行实时的交互，培训对象可以向教员提问，教员及时解答，并通过服务器呈现教学内容并广播到其他任意一台或一组学习机上，培训对象通过共享教员机上的教学课件，同步学习教学内容。教员在授课时可以随时监看任意一台或同时监看某一组或全体学习机的学习情况。为了保证培训对象对所讲知识的关注，教员可将培训对象之间的联络中断，只保持培训对象与教员之间的通信，并且锁住培训对象的键盘，中断培训对象与计算机交互。此外，培训对象在听课过程中可以调用实时远程教学系统的答疑模块，输入问题及反馈信息，将信息送回服务器，教员端的服务器上通过运行一个读取程序将信息呈现给教员，教员再根据培训对象的反馈信息作进一步的解释和应答。

（二）自主式

基于网络的自主式培训模式易于在网上实现，因而是目前现代远程教育的一种重要学习模式。这种模式可分为在线自主式教学模式和离线自主式教学模式，其主要依赖于网络课程教学系统，具体包括教学模块、资料库模块、导航图模块、练习模块、作业模块、问题研讨模块、考试模块、建议模块、帮助模块等，所有这些模块互相配合，构成一个完整的远程自主教学系统。远程网络课程教学系统具有交互、跨平台、开放、易扩充的特点，为自主式培训模式的应用创造了条件。其中，在线自主式培训模式是已注册的培训对象在输入个人密码进入远程网络课程教学系统后，直接在网上运行由网络开发工具和技术编写的具有交互性和实时性的网络化智能型教学软件，由教学软件模拟指导学生学习。在线培训对象除实现系统调用课件、网上答疑、网上作业、网上自测、网上信息搜索等功能外，可以自主访问和选择学习。受训者通过登录教员主机进行交互学习，或登录到一些实验室进行远程仿真实验，也可以登录到各图书馆或教学资源中心，检索和阅读学习资料；从课程系统超链接到其他教育网站，利用浏览服务浏览各种教学资源，如虚拟图书馆、光盘库、软件库等资源；在高速网上，还可以根据需要点播视频教学节目，实现视频点播；进行在线交谈、电子白板、视频会议系统等，以文字、语音和影像方式在线讨论交流。可以看出在线自主式教学模式具有更大的灵活性。而离线自主培训模式主要通过文件传送服务下载相应的学习课件和通过电子邮件方式来接受培训。培训对象可以从服务器下载各种教学资源。培训对象按教员或培训的要求将所需的学习材料下载到本地硬盘上，然后打开课件进行自主学习，再将作业传到教员主机上，教员批改后送回。学习遇到问题时可以随时发电子邮件或在电子布告牌系统上加帖子向教员、同学请教并得到针对性的指导。这种离线式自主培训模式使培训对象自由支配学习时间，而且能够降低教学成本，但反馈不如在线自主教学模式及时。

不难看出，自主式培训模式充分体现了培训对象认知主体的地位，满足培训对象个体化学习的要求。培训对象根据自己的时间安排，选择所需要的学习内容，决定学习进度、学习方式，并适时调整学习策略，主动建构知识的内容，从而获取知识、自我更新知识以至创造新知识。教员的主导作用体现在教员作为课程设计开发者建立智能导师系统，为培训对象提供符合其认知风格的培训策略，对培训对象的学习给予诊断、预测、反馈、矫正和强化，以便促进培训对象更有效地学习。作为培训指导者，教员对于培训对象在学习中遇到的问题给予具体的指导。在自主式的培训模式中，培训对象的主体作用较之教员的主导作用可得到更多的发挥。尤其是考虑到双员型教员工作学习之间的矛盾，应大力发展和推广自主式培训。

（三）协作式

所谓协作式就是利用网络手段，通过实时的文字、语音和视频交互，教员组织、监控并指导协作的开展，培训对象在网上共同搜寻和分析资料，以在线交流和专题讨论组的方式共同讨论和解答问题。它是一种群体参与的分布式培训模式，依靠网络协作教学系统的支持，使分布于不同地方的培训对象和教员可以同时坐在“虚拟教室”中进行协作培训。协作应用系统是开展协作培训的技术核心。网络协作教学系统的核心是它的协作应用系统，该系统包含视频会议系统和电子布告牌系统。利用视频会议系统，培训双方可以选择对象进行公开或私下的多点对多点的讨论，可以共享电子牌，讨论共同感兴趣的学习内容，实时传送动态视频图像和音频信息，使交互更加便捷和有效。协作开始时，主讲教员利用协作教学系统的协作管理功能，根据培训对象的申请、爱好、教学目标等对受训对象进行分组，控制小组的人数、水平差异以及成员性质，并对受训对象的协作给予积极有效的调控和优化，保证协作的频度和指向性。与传统视频会议系统相比，利用电子布告牌系统进行协作培训更为简单实用。讨论区由主讲教员设立多个讨论主题，受训对象可随时选择主题进行讨论。在讨论过程中，受训对象可查阅到其他人的见解，也可发布帖子，进行评论或发表自己的见解，还可针对某一问题进行专门讨论。相同主题讨论组的受训对象由于彼此间的知识背景和思维特点接近，有助于加深问题理解和解决难题。同时，主讲教员要对培训对象的讨论发言进行点评和监控，以确保讨论发言不偏离主题。

在这种模式中，教员的主导作用体现在：教员负责协作培训的组织与协调，确定主题，设计引起讨论的初始问题以及能将讨论一步步引向深入的后续问题，并将培训对象的潜在发展水平引导到现实发展水平，适时恰如其分地对培训对象的协作表现作出评价；当讨论开始偏离主题或纠缠于枝节问题时，及时加以正确的引导。协作讨论结束时，应对整个协作培训过程进行总结，及时发现问题与不足，确保培训效果。

（四）仿真式①

美陆军上将沙利文讲：“21世纪的地面作战的核心武器将是计算机”。托夫勒也说：“未来的战争将是计算机战争”。随着计算机应用技术的日益

① http://wapbaike.baidu.com.

普及,计算机作战模拟技术的迅猛发展,“网络练兵、网络练将”已成为世界新军事发展潮流。从我军官兵信息素养的现状看,只有通过训练才能使广大官兵尽快掌握计算机网络技术,才能迎接21世纪信息战争与知识军事的巨大挑战,才能在驾驭现代科技文明成果以提高自身信息素质上赢得主动,才能实现军事信息化与军事人才培养方式的信息化飞跃。因此,双员型教员在这方面更应先行一步,可采取以下三种途径:

1. 通过计算机虚拟现实技术促进双员型的联合意识

作战实验联合训练是促成作战实验室走向联合训练的有效途径,它利用计算机网络把分布在各地作战实验室的模拟训练系统联通起来,构成一个跨越时间和空间的综合仿真环境,能够实施多军种、多级别、多地域、多方位的联合模拟训练,促成陆战、海战和空战对抗训练走向一体化。据悉,美军为了用虚拟实践法提高军队人员素质,在各军种先后建立了多所“战斗实验室”。因此,为了提高双员型教员的信息素质,院校可让参加培训的教员通过采用先进的电子虚拟实践法,把部队在模拟环境中的活动视为预实践,通过这种预实践的检验和论证,来提高指挥军官的信息素质,发展信息化军队的武器装备。

2. 通过作战模拟带来的真实感受提高双员型教员的心理素质

以数字模拟信息的转换技术为支撑,集当代先进的仿真模拟、人工智能、数字传感、自动控制和三维成像技术,虚拟预设出逼真的未来战场,并凭借全场景的视觉仿真,全感知的触角仿真,以最大限度地贴近真情实感,使受训人员亲自置身在地理信息系统、部署数据库和主体态势图像的集成软件平台上。面对屏幕显示的多维战场,驾驭整体与部分、精确与模糊、真实与虚假相交织的信息时空,锤炼指挥对抗、指挥谋略、指挥决策创新艺术,使受训人员能够在这种信息环境中提高心理素质,锻炼指挥技能和决策艺术。

3. 通过网络系统决策提高双员型教员的作战指挥素质

通过网络通信将专家群体的思想库与综合实验的数据库连接起来,并利用计算机模拟把定性分析与定量分析、解析计算和过程仿真结合起来,使作战决策由模糊变得清晰,实现宏观分析与微观分析的统一、经验继承与前瞻创新的统一、决策创新与科学创新的统一,从而大大提高联合指挥决策速度、效率和质量。受训教员通过以上技术手段,可以在很大程度上解决缺少训练环境和训练要素的问题。

第三节　军队院校双员型教员队伍能力生成路线与原则

双员型教员的培养是一项长期的、复杂的系统工程。为了明确每一阶段的成长目标和主要手段,院校需要为其规划出清晰、可行的能力生成路线。同时,还应帮助其把握好其中的关键环节、根本途径以及相应的原则。

一、路线构成

双员型教员的成长不可能一蹴而就,而是贯穿于整个职业生涯,因此,必须要遵循职业发展的普遍规律,研究规划不同阶段的成长目标、关键途径,为保证双员型教员的顺利成长提供清晰的脉络,即每个阶段均有清晰的目标引领、合适的岗位职能和必要的保障条件。要从教员、指挥员的工作出发,从教学能力和指挥能力两个方面,分初级、中级、高级三个阶段,采取双员型教员能力发展路线,实现教学能力和指挥能力交叉融合发展,如图 3-1 所示。

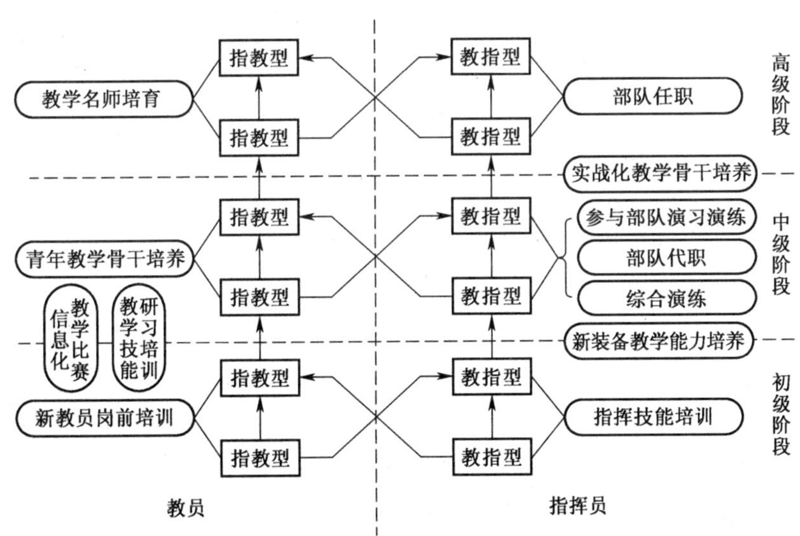

图 3-1　双员型教员交融式能力生成路线图

从纵向看,可以大致划分为三个阶段,即初级、中级、高级。这里所指的

“级”,并非简单地对应教员的职称或指挥员的行政级别,而更偏重于实际能力的模糊划分。从横向看,可能出现随着岗位的变迁,即沿着折线路径非线性发展,其能力的要求会在“指教”“教指”之间切换;也可能岗位相对固定,能力要求沿着相对单一的路径线性发展,即能力构成要素基本不变,只是标准提高。

二、关键环节

对于第一岗位担任教员的毕业学员而言,首先必须通过参加岗前培训和自主学习取得任教资格,在老教员的带领与指导下承担一定教学任务,通过在实践中锻炼学习,逐步培养起独立教学的能力。同时,还要保持好在担任军校学员时期的工作“惯性”,丰富拓展军政素质,为自身的管理与指挥能力培养打下良好基础,同时充分利用各种机会参加院校的大型军事活动(演习、演练、拉动等),并主动争取到学员队等管理岗位上代职锻炼,在实践中提升自身的综合素质,为下一阶段的成长开好局、起好步。同理,对于第一岗位担任教员的毕业学员而言,首先必须尽快适应从军校学员到管理干部的角色转变,将院校所学知识转变成岗位效益,能够独立胜任基层管理工作。同时,还要保持好在担任军校学员时期的学习“惯性”,利用当前丰富的信息技术手段,了解跟踪本专业领域的前沿动态,不断给自己“充电”,并主动将自己的专业知识传授给管理对象,争取成为基层部队的“业余”教员。这样一来,不仅可实现“教学相长”、共同提高的目的,还能建立其与下属之间沟通的另一座桥梁,提升自己的人格魅力,也为自己今后的职业发展拓展出一条新路。研究发现,许多院校的优秀教员的成长轨迹与此类似。

三、根本途径

教员若要成长为真正意义上的双员型教员,则在职业生涯中,不可避免地面临岗位变迁。不同岗位必然有不同的能力素质要求,“指教”“教指”分别是指在特定时期其岗位职能更偏重于“教学”还是“指挥”。教学能力与指挥能力二者的内涵虽然明显不同,但却是相辅相成、相互促进的。主要原因是:从《心理学》《行为学》的角度讲,无论教学还是指挥,其主要目标均是按照一定的规律和原则,将自己的知识、经验储备转化为对人和事物的影响,其中对人的影响是核心。在此过程中,各种思想、方法和手段的运用则是一名教员教学艺术的综合素质的直接体现(指挥员的指挥艺术)。《教育学》与《指挥学》原本同源,后各自独立发展,而最终二者必然是“殊途同归”。因此,实现双员的根本途径就是施行多种方式轮岗制度,即教研室与机关、教研室与学员队(连队)、院校与部队之间的交叉任职(含半年以上的代职)。从院校的角度讲,要积极引进曾在部队、军委(军兵种)机关担任过指挥员的优秀人才,并对其加强教学能力方面的培养;同理,部队军委(军兵种)机关也要本着大局观念,大胆从教员队伍中吸收人才,一方面可以为自身培养后备干部,另一方面,为院校教员的成长锻炼提供现实舞台。以上方式无疑是加速培养双员型教员的捷径。

四、把握的原则

提升军队院校双员教员队伍的能力,其核心在于怎样才能使军队院校教学更贴近部队实际和未来实战。由于理念决定思维,而思维决定行动,教员已成为开展实战化教学的主体力量,他们的教学理念决定了教学行为。因此教员只有牢固把握双员型教员队伍能力生成原则,才能做好符合实战要求的课程体系、教学内容体系、教学方法手段和教学环境方面的准备与实施,才能使军队院校的实战化教学落到实处。进一步而言,提升双员教员队伍能力的目标是为部队建设和未来信息化战争培养大批“能用、管用”的优秀军事人才,重点在于培养学员的创新实践能力。教员只有及时了解和掌握部队的作战训练实际及发展动态,获得第一手的教学资料和素材,不断提高自身的实践能力,积累丰富的实践经验,才能使教学内容、教学方法手段和教学环境紧贴部队建设实际和未来战争的发展需求,从而保证实战化教学目标的实现。

综上所述,为了更加有效实现军队院校双员教员队伍的能力生成,应在教师队伍建设与培养上遵循以下两项原则。

(一)坚持以人为本,在主观思维上实现转变①

拥有一支双员型高素质教员队伍,是军队院校组织实施实战化教学的

① 陈锋,任玉彬. 实战化条件下军校师资队伍建设思考[J].继续教育,2016(5).

基础。目前,我军院校部分教员的成长轨迹是从学员到教员、从院校到院校、从书本到讲台,存在对部队了解浅、对训练参与少、实践经验欠缺等不足。因此,应不断调整优化师资队伍结构,优先选拔在部队任职时间较长,对部队情况、作战训练、装备运用、勤务保障比较熟悉,有一定组训基础和经验的优秀人才,将其充实到教员队伍中。同时,积极鼓励并引导教员增强实战化教学能力,定期组织教员到部队代职、任职或参与重大军事演习等活动,院校要在时间、精力、物质上给予充分支持,鼓励他们真正融入部队,学习、体验到部队的真实状况,引导教员主动研战、学战,拓展教育教学改革的广度和深度,把部队作战训练遇到的重难点问题纳入科研课题,逐步提高实战化教学水平①。

1. 以教员职业角色转型为抓手

职业角色是指个人在所从事的社会工作中扮演的角色。在实战化军校教育的大背景下,逐渐意识到生成双员教师队伍的重要意义与重大作用,这就要求传统概念中的教员逐渐向指挥员、塑造者、引导者等多种职业角色转变。其中尤为重要的是向指挥员角色的转变,同时在转变的过程中又始终保持着教员应扮演的角色与任务。具体转变内容包括:

(1) 从理论灌输者向核心价值观塑造者转变。当代革命军人核心价值观的培养在军校教育中居于首位。军校教员肩负着革命军人和军校教师的双重职责,既要加强学员核心价值观的理论灌输,又要承担为人师表的职业角色,成为学员核心价值观的塑造者。因此,教员要以坚定的理想信念引导学员铸牢精神支柱,强化学员的军魂意识。以献身教育事业的精神引导学员坚定献身国防和军队建设的决心。教员要全身心投入到实战化的教学实践中,潜移默化带动学员树立崇高的理想信念。以崇高的学术道德操守带动学员培育高尚的道德情操和职业规范。学高为师,德高为范,引导学员成为自觉践行核心价值观的军人。

(2) 从教学主导者向教学引导者转变。开展实战化的教学需要教员成为学员的引导者和指导者,但当前教员处于中心地位,起主导作用,与实战化教学有差距。适应实战化教学的需要,教员要从教学主导者向教学引导

① 艾文,张晓红.把握好四个“注重”提高教员实战化教学能力[J].继续教育,2016(12).

者转变。首先，在教学中发挥“导演”的作用。教员一方面除了要对所要达到的教学目的进行精心设计外，更为重要的是，课前与学员交流沟通，了解学员所需，修改教学方案。其次，在教学中发挥“演员”的作用。教员在教学过程中，重点培育学员的团体合作能力和批判意识，建立和谐的教学关系。在学员遇到难题时，要引导学员运用所学知识、分析和判断问题，从而得出正确结论。

2. 以教员思想观念转型为先导

开展实战化教学，就是为了浓厚院校教学的硝烟味，拓展军校课堂的半径，让三尺讲台对接未来战场。习近平主席指出：“要注意总结经验，借鉴国外军事院校有益做法，更新教育理念，创新培养模式，努力走出一条有利于高端军事人才成长的新路子。”这客观上要求教员要不断更新教育理念。目前，妨碍实战化条件下军校教育师资素质的提高往往不是教员的知识储备不足，而是对过去做法过于熟悉和过度依赖。只有突破固有理念，才能为加快推进军队院校双员型教员队伍的能力生成创造前提条件。因此首先应从教员的思想观念上进行转型，可从以下三方面聚焦发力。

（1）向“为战”聚焦。强化“教为战、练为战”的思想，努力向实战靠拢，切实弄清未来军队打什么样的仗、参战人员应具备什么样的作战能力，教学就向哪里聚焦、训练就向哪里侧重。要着眼打赢未来信息化条件下局部战争，从作战对手、战场环境、作战任务、力量编成、行动方法等方面入手，不断加强教学训练的信息化含量，积极适应战争形态、作战方式、力量使用等方面的发展变化。

（2）向“谋战”深化。具体来讲，就是要围绕未来信息化作战“陆、海、空、天、网、电”多维一体的作战特点，深入研究联合作战对参战人员提出的素质要求，不断提高“谋”的维度；突出军队战略转型对人才培养的新要求，将前沿战术思想、方法手段融入教学训练，确立“先学一步、新创一法”的思想，不断提高“谋”的深度；搞清基于信息系统体系作战能力的作用机理、建设方法和生成途径，在课堂面向战场的同时多一些“信息味”，不断提高“谋”的速度。

（3）向“能战”用劲。就是要密切跟踪掌握世界新军事变革发展趋势，切实把“信息主导、体系对抗、精确作战、全域机动、网络攻防”等现代战争的制胜机理搞懂吃透，尤其是情报侦察、指挥控制、火力打击和综合保障等作战要素深度聚合的根本内涵与实现途径，全面夯实为战教战的能力素质基础。同时，抓紧研究围绕"体系支撑"与"精兵制胜"的仿真推演和模拟训练，不断探索贴近真实战场环境的新教法、新训法。

（二）注重角色转换，突出学员地位

第一，实战化军校教育客观上要求学员具有较强的自我学能力、自我教育能力、自我管理能力和研究能力，具有认识、分析和解决问题的能力，这些能力的培养需要以学员为本。这在客观上就要求教员与学员之间要进行多元互动，要积极展开交流与沟通，真正成为学员的良师益友；通过不断调整教学方式、方法从而让学员能真正参与到教学过程中，把他们的实践经验与教员的理论知识有机结合起来；进而在教与学的互动过程，教员与学员最终可达到互相促进、共同提高的目的。

第二，要突出学员实战化训练的主体地位。要瞄准未来信息化条件下作战的需求，充分发挥学员的主动性和创造性，倡导"以学员为主导"的理念，积极构建多维的实战化训练平台。如紧密结合破解部队训练难题设立研究课题，并鼓励学员积极参与科研项目，将研究成果引入课堂教学，在实践活动中培养学员创新能力和发现问题、解决问题的综合能力。虽然对学员进行知识传授有利于打牢科学文化基础，且是十分必要的。但实战化军校教育客观上要求学员所学的知识应予以应用，以便适应未来任职岗位的需要。这就在客观上要求教员尊重学员学习自主性，创造良好的学习气氛，引导学员运用马克思主义的立场观点方法，认识分析和解决问题，使之成为具有战略思维、辩证思维和担当意识的军事人才①。

第三，以联教联训为基础，促进培养形式的转变，联教联训是指院校与院校、院校与部队（训练机构）之间，充分利用院校师资和教学科研优势、部队训练和武器装备优势、训练机构场地和训练条件优势，共同开展的一种联合教育训练形式。院校与部队开展联教联训活动，有助于军事人才培养与部队实际相结合，提高军事人才培养质量，推动军队院校任职教育深化改

---

① 张睿，张所娟，程恺. 军队院校实战化教学改革若干问题研究[J].计算机工程与科学，2016.11.

革,促进信息化条件下军事训练转变。因此,应根据部队担负的作战任务、列装的装备类型、训练的方式方法、后装保障的基本模式,选择符合受训学员专业特点的主题方向,增进部队与院校的有效衔接,切实提高学员的综合素质。在和平建设时期,军队院校如何培养合格的军事人才,是我军院校教育改革面临的一个长期性的重大课题。军队院校应打破传统自成体系的教学培养模式,以当前我军大力开展的部队与院校"联教联训"活动为契机,把课堂延伸至部队,发挥部队和院校的自身优势,将教学理论与部队实践进行有效结合,才能培养出合格的新型军事人才。

(三)坚持围绕实战化训练不动摇的原则

实战化训练对军事人员提出了在突发情况下,通过自主、协作等方式创造性地解决作战问题的能力。因此,军事人员必须具备自主性的学习能力,能够通过书籍、网络等多种渠道获取最新的军事知识,具备协作的团队意识,通过共同完成训练任务的方式培养协同能力。院校实战化教学过程中,应提供学员自主学习的环境与条件,使学员能够自主发现问题、主动思考问题、独立解决问题,通过问题, 牵引带动交叉性知识学习,培养活跃的思维、善于创新性的思考。通过参与需要协作才能完成的课程作业或课题,培养学员的分工、合作的团队意识,提高学员的领导力与执行力。

1. 教员实战化执教能力逐渐提升

全面提升任职教员的实战化教学能力,不仅要下部队调研和代职,还要让广大教员经常性地全程参加部队的实兵训练、联合军演、重大演训和国外考察等活动,并形成制度化机制,让教员在实战化背景下思考问题、研究问题和解决问题,达到密切联系部队、紧贴实战要求的目的,并及时将参加演练、训练取得的成果引入课堂。针对目前任职教员经历单一、实践经验不足、对部队缺乏了解的实际,应该采取超常举措,提升教员执教能力,坚持做到"三个"依托。

(1) 依托在部队建立相对稳定的教学实践基地,进行多岗位锻炼不断加强新理论、新装备、新技术、新保障法学习。组织教员深入部队一线,通过为部队授课、提供科技服务、参加部队演习等多种形式,锻炼教员队伍。参与新装备研制、生产和试验,掌握新装备构造、功能、操作和使用维护方法,提高以驾驭新装备为核心的专业实践能力。

(2) 依托军内外知名院校、业务机关、部队和科研院所,建立部队与院校的双向交流机制,邀请机关领导就部队建设的热点难点问题开设讲座,丰富教学内容。聘请部队业务骨干和地方相关技术人员,为院校传授部队实践经验和科技发展的最新动态。与此同时,院校要主动为部队送学、送教。这样不仅使双方在知识、能力等方面均得到长足的发展与提高,而且还为院校建立复合型的教员队伍奠定了坚实的基础。

(3) 依托院校与部队建立起来的双向交流机制,促进人流、物流以及信息流的双向流动通过双向流动能使教员及时了解部队的新任务、新战法、新举措,使教学思想得到不断更新,理论知识和教学水平得到不断提升,使教学内容更加紧贴部队实际,更加紧贴未来作战。

2. 教员实战化科研能力逐渐提高

加强实战化科学研究就要紧跟军队信息化建设加速发展的步伐,紧贴部队建设形势,以部队作战训练实际问题为中心,加强军事理论研究,这既是推动军队建设和军事斗争准备的迫切需要,也是任职教育院校发挥理论创新和决策咨询的重要使命。要提高教员的实战化科研能力,就要贴近部队、贴近实作战,做到"三个"必须。

(1) 必须紧紧围绕"建设信息化军队、打赢信息化战争"这个主题既要深入了解部队建设现状,摸清打仗要求和部队需求,提出前瞻性研究和对策性思考;又要用好任职教育学员掌握部队一线情况的有利条件,对打仗急需问题优先进行难题会诊;同时,要加强对大规模作战和应对强敌军事干预、维护海洋权益、网络空间作战的跟踪研究,深入进行战法训法创新,深入探索现代战争显著特征,找准对手的强项和弱点,着力探寻制胜之策①。

(2) 必须紧贴军事理论创新前沿,部队新装备发展和岗位任职需要任职教员在科研创新中,一定要紧贴军事理论创新前沿,立足部队新装备发展和岗位任职需要,坚持把院校教学内容更新与部队实战训练创新结合起来;坚持把教学方法手段创新与部队训练手段创新结合起来;坚持把院校任职

① 王成学,单岳春,邹本贵.军队院校实战化教学教员队伍建设探讨[J].大学教育,2017.5.

教育教学模式创新与部队训练改革模式转型结合起来。力争在关键领域取得突破性成果,解决部队现代化建设中的重点、难点问题,为部队有效履行能打胜仗的职责使命提供智力支持。

(3) 必须坚持融教学、训练、科研于一体的综合性提高的原则。要培养懂技术、能指挥、会管理的新型军事人才,任职教员就必须具有技术员、指挥员、教练员、研究员的特质。在科学研究过程中,要注重对作战问题的研究和吸收,在其基础上形成学科作战使用理论与方法,使其作战方法、指挥方法、保障方法既源于部队,又高于部队,促进院校实战化教学训练与部队战法、训法研究的良性循环。

3. 实战化教学发展方向始终不变

实战化教学是军队任职教育的本质回归,重在"实战",贵在顶层设计和把握发展方向。

(1) 要系统筹划、科学论证,高起点高标准实施教学改革顶层设计。以"向实战聚焦,向部队靠拢"的办学理念为导向,以培养"双员"教员队伍为目标,瞄准实战化发展方向,坚持为战教战,注重整体设计,严格质量标准,科学规划理论教学与实践教学的比例,修订人才培养方案和课程标准,突出组织指挥教育训练和实践性教育训练,从根本上准确把握实战化教学的发展方向,为加快人才能力素质生成模式转变奠定基础。

(2) 要按照"主题鲜明、主线清晰、便于实施、易于考核"的标准要求,注重质量内涵式发展。当前要在教学内容、课程教学模式、教学方法、装备教学等方面采用工程方法,遴选试点项目,敢闯敢干,积极推动部分改革在实践中探寻路子,把围绕教学的各方面、各层次、各要素统筹起来,细化为多项子工程,进行整体化设计、一体化推进。

(3) 要坚持党委统揽、主官主抓,制定工程实施路线图和工作统筹图,梳理改革任务和预期标志性成果,明确责任单位、时间进度和标准要求,进一步健全改革工程领导管理体系和进度质量监控机制,构建适应实战化、培训需求的教学体系;围绕学、知、会、能的规律科学安排教学进程,形成"工程化设计、项目化管理、路线图推进"的运行模式,促进各改革工程项目落地生根,调动广大教职员工投身教学改革的主动性和积极性。

4. 教学内容贴近部队实战①

实战化教学就是以军事斗争准备的现实需求为背景，以部队正在进行的训练内容为课题，以作战训练中的难点、热点问题为重点，建立紧贴实战的课程体系、教学内容体系、教学方法手段、教学环境等，以提高学员研究解决问题、指挥作战训练能力的一种教学形式。其目的是使毕业学员能够更好地满足部队建设和未来作战需要，其内涵特征可概括为以下方面：

(1) 以学员毕业到部队的任职岗位和未来作战的需求为基本指向，将“部队建设”和“信息化作战”对官兵能力素质的要求融于一体，符合军队转型建设和“能打胜仗”标准对院校人才培养的根本要求。

(2) 以提高学员的综合素质，实现学员具备毕业即可上岗的能力为基本目标，将学员的“岗位任职”和“长远发展”融于一体，符合新时期部队完成多样化军事任务对院校人才培养的根本。

对于军队院校的教学内容进行优化设计，大力倡导“理论教学+案例教学+想定作业+综合演练”的教学模式框架，将战场适应性训练的内容融入课堂教学，按照“提高学员实际能力，突出教学实践环节”的总体要求，加强对整体教学过程的调控，增大实装教学和综合演练教学比重，以学员实际岗位为着眼点，加大对其模拟任职培训力度，从而提高学员的任职能力。在实践教学阶段，注重教学训练环境的设置，模拟实战化教学训练环境，提高学员对战场的感知和适应能力。装备操作教学阶段，应按照初步操作使用、熟练开设运用、实战条件下的综合运用3个阶段，对教学训练的整体过程进行统筹划分，训练考核标准和训练阶段的各个内容应相匹配。通过采取集中讲解、示范观摩、分段轮训、逐级考核等方式，切实提高学员实装的操作水平和运用能力。

因此，教学内容要更加贴近部队实战，必须明确树立练为战的思想，严格按照实战化训练(教学)大纲和条令、规范、教程进行教学与训练。将实战化的意识贯穿于干部、教员、学员的日常教育和养成中，树立军人只处于战备和作战两种状态的理念，时刻做好奔赴战场的准备。围绕作战任务选择

① 郭学东，黄秋爽.军队院校实战化教学改革的最新发展与思考[J].军事交通学院学报，2016.11.

教学训练的内容和课题，营造近似实战的教学训练环境条件，洞悉知识与技能需求，教员明确需要教什么，学员明确需要学什么，激发教员施教与学员学习的动力。

5. 增强实战化教学改革的针对性

部队所需，就是院校所教。“教什么”是实现实战化教学的关键。

（1）理论授课内容，关键是理论授课阶段的两个“比例”问题。首先，要突出应用理论的比重。根据总部《关于提高军事训练实战化水平的意见》和《加强和改进军队院校教学工作的意见》，紧扣未来信息化条件下的作战特点、能力要求，初级指挥军官要强化实战化教学应用理论知识的运用。关于应用理论教学的比重，可以借鉴俄军做法，在俄军总参军事学院，初级军官将理论研究和实践训练的比例调整为3∶7。其次，要适当加入外军理论。对于非作战类课程，研究外军主要是为了借鉴。而对于作战类课程，除了借鉴，更重要的就是要研究对手。

（2）实践教学内容。实践教学是实战化教学的主要阶段，教学内容是否合理将直接影响到教学效果。近年来，虽然我军院校一直瞄准部队需求，更新教学内容，但从实际情况看，仍有部分实践教学内容与部队需求贴得不是很紧。这就要求深入部队搞细致的调查研究，重点围绕战例研究、想定教学和综合演练，弄清信息化条件下部队实际的需求究竟是什么，同时还要下大力气对目前院校的实践性教学内容进行彻底梳理，厘清哪些教学内容已过时，需要剔除；哪些实践性教学内容更新才能适应部队的需求。另外，部队建设发展很快，现在适合部队的教学内容，不一定未来还适合，因此必须对院校实践性教学内容进行动态更新，灵活变换战术背景和情况，以适应部队建设不断发展的需要。这就要求突出以下三方面。

① 突出作战业务知识。通过理论授课、讨论研究、作业练习等方式，将作战业务知识与基本技能有机结合，使学员做到“四熟四清”，即熟悉新型作战理论，搞清信息化条件下的作战样式、组织指挥和制胜机理；熟悉主要作战对手，搞清作战对手的作战思想、兵力部署、主战武器装备；熟悉军兵种知识，搞清各兵种的作战任务、作战运用、武器装备性能；熟悉作战环境，搞清作战范围内军事地理、气象水文等情况。

② 深化信息系统运用。指挥信息系统具有系统开放、要素关联、功能全

面等特点,在教学训练中不能仅仅满足于运用信息系统进行单一的技能操作,而应按照实战化需求综合运用信息系统组织教学训练,强化实战化作战背景下的动态教学,不断提高信息系统实战化运用水平。

③ 强化能力素质培养。可采取案例式教学形式,对某一具体案例(战例)进行分析讨论,不断提升学员分析问题、思考谋划的能力;采取情景模拟教学形式,使学员身临其境地“遇到”各种工作矛盾问题,直观形象地体验锻炼战场应变能力;采取想定作业形式,针对每一种可能遇到的情况设定作业想定,提高学员的综合能力素质。

第四章

军队院校双员型教员培养机制研究

受制于当前教员队伍培养机制的不完善，对教学能力培养，目前主要以新教员岗前培训为主，缺乏在职的经常性培训；而指挥管理能力和装备组训能力也仅停留在浅层次的教员指挥能力培养上，没有深入部队；同时，缺乏有效的激励和保障机制，教员提升能力的积极性不高，导致当前双员型教员队伍能力素质存在不足。针对这些问题，健全完善的双员型教员队伍能力建设机制，切实不断提升双员型教员队伍能力建设水平。

完善合理的制度设计可以为院校双员型教师教学能力发展提供强大的导引动力。为了进一步完善双员型教师队伍建设，需制定一系列与双员型教师培养培训制度相配套的政策，从宏观政策上体现对双员型师资队伍建设的重视和支持。

第一节　建立双员型教员资格认证制度

双员型教员是部队新型军事人才培养给军校教员提出的新要求，双员型教员的资格认证制度还未建立，使得双员型教员队伍建设很难实现规范化和完善化操作。因此，军队院校双员型教员队伍建设，首先要建立一套系统的双员型教员资格认证制度。

一、双员型教员的资格标准

在建立双员型教员资格认证制度之前，需要从政策层面建立双员型教员的资格标准,为双员型教员的资格认证提供政策指导。成为双员型教员的准入门槛,可以从基本素养和专业能力两个方面加以把握。

(一)基本素养

1. 道德素养

“学博为师,德高为范”,作为一名教员,不仅应具备渊博的学识,更应该有良好的道德品质。“十年树木,百年树人”,教书育人不是一朝一夕的事,需要教员有坚定的理想信念和诲人不倦的情操;作为军校教员,尤其是双员型教员,更要热爱军校教师这一职业,有为人师表的荣誉感和职业归属感。因此,双员型教员应具备昂扬的从业热情,坚定的从业思想和良好的道德修养。

思想品德最主要的表现形式是行为方式,人的行为方式和行为结果或多或少的反映了其内在品质,可以说,行为与品质是互为表里的。故而,虽然洞察人的内在品质是比较困难的,但是一个人的基本道德素质可以通过其外化的行为来进行判断。对双员型教员资格申请者的思想道德素质状况的评价,可以从主观和客观两个方面进行综合考量,使评价结果更加科学合理。对于申请者的思想道德素质的评价一方面可以从申请者的本人档案、工作单位或毕业学校提供的书面证明材料中进行鉴定,另一方面也可以采用现代素质测评技术进行评价,通过科学的测评工具来分析资格申请者是否具备双员型教员的基本道德素质。

对资格申请者进行客观素质测评,可依据实际情况,从下列品德测评方法中选择合适的方法组织测评。

(1) FRC 品德测评法。FRC 是事实报告计算机测评法的缩写。这种测评法的基本思想是借助计算机分析技术从个体品德结构要素中确定一些基本要素,再从基本要素中选择一些表征行为或事实,然后要求被测者就是否具备这些表征行为与事实予以报告。其测评流程如图 4-1 所示。

(2) 主观量表测评法。它是根据设计的品德等级测评量表对被测试者的品德进行测评的一种方法。其具体方法是:先设计出品德等级量表,列出需要测评的品德因素,再根据被测评者的真实情况,对照每一个品德因素,对被测评者进行打分,然后根据分数的大小转换成不同的等级。

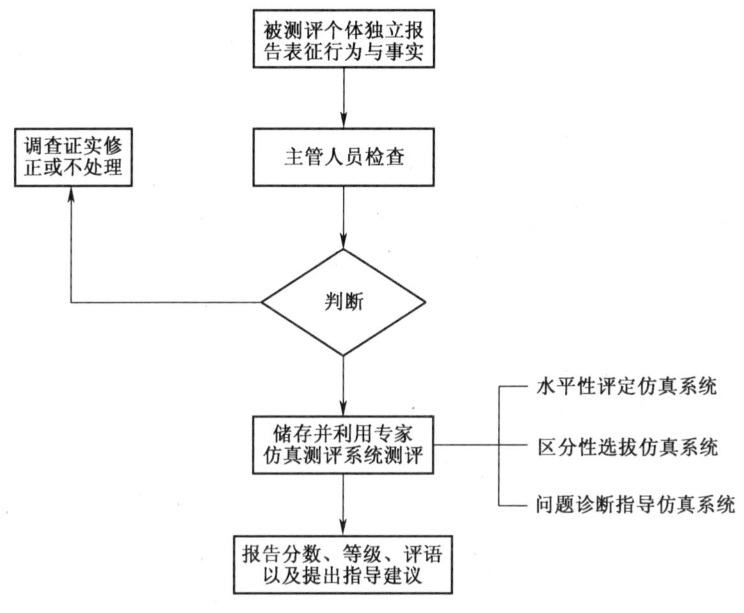

图 4-1 FRC 品德测评法流程

(3) OSL 品德测评法。所谓 OSL 品德测评法,是一种以品德素质开发为目的的行为测评法,或者通称为开发性品德测评。实际上它是一种表现为品德测评的素质开发方法,是发挥测评开发作用的一种实体建构模式。这里 O 即英文单词 on(做到)的缩写,S 即英文单词 short(稍差)的缩写,L 即英文单词 long(较差或需努力)的缩写。“O、S、L”是品德开发结果(做到、稍差、较差)主观测评的一种简便标记符号。

(4) 问卷测验法。采用问卷测验形式测评品德,是一种实用、方便、高效的方法。这种形式的代表有卡特尔 16 因素个性问卷(16PF)、艾森克个性问卷、明尼苏达多相个性问卷等。这里仅对卡特尔 16 因素个性问卷的设计和使用进行简单介绍。

① 品德因素分析。这个测验的编制设计思想是,卡特尔对阿尔波特和奥伯特从字典中选择的 17953 个描述品德特征的形容词进行分析,将具有相同意义的词进行归类,获得 171 个特征名称;然后请有经验的人对这 171 个词进行评价,再用因素分析技术简化,将简化后的特征因素作为测评项目试测,再对测评结果进行因素分析,即获得 12 种品德素质;其后的工作中又

发现与补充了4种品德素质,共16种。

② 测评试题设计。针对每种素质编写一些测验题。所有的测验题都是采取"中性"问题,避免含有社会上所公认的"是非"题,而且有的声东击西,表面上看来似乎与某一因素有关,实际上却与另一因素相关。

③ 问卷总体数量与测评时间。卡特尔16因素个性问卷,共187个问题,每一种品德素质由10到13个问题测试。测评过程中不要求完成时间,要求直觉性反应作答,实事求是,无须思考与拖延时间。每个题只可以在A、B、C中选一个,不能遗漏任何题。高中以上文化水平的人应在1小时左右完成。

④ 测评功能。卡特尔16因素测验,不仅能够测评出16个独立品德因素自身水平的高低,而且通过对其中部分因素的组合,还能够推测出其他品德素质的水平。例如,成功者的品德素质:知己知彼、自律严谨(高Q3),有恒负责(高G),情绪稳定(高C),好强固执(高E),精明能干、世故(高N),自立、当机立断(高Q2),自由批评、激进(高Q1)。

(5) 投射技术。广义的投射技术是指那些把真正的测评目的加以隐藏的一切间接测评技术;狭义的投射技术是指把一些无意义的、模糊的、不确定的图形、句子、故事、动画片、录音、哑剧等呈现在被测评者面前,不给任何提示、说明或要求,然后问被测评者看到、听到或想到什么。投射技术具有测评目的隐蔽性、内容的非结构性和开放性、反应的自由性三大特点。按照投射的具体方式,可分为联想投射、构造投射、完成投射、选择排列投射、表演投射。

(6) 其他品德测评方法。

① 生理学测评。所谓品德的生理学测评,是通过检查被测评者在特定刺激下血压、脉率和波电的反应来测评个体的品德。更复杂一些的生理学测评,则是通过血液化学成分变化、脑电波、肌肉紧张度和音调等进行测评,例如测谎器。

② 萧孝荣修订哈梅诚实实验。哈梅诚实实验共有三种,操作顺序依次为:曲线迷、周迷、方向迷。做曲线迷与方向迷时,主试人要求被测者闭上眼睛,同时将铅笔在迷津双线间移动,不可接触任何一边。在做周迷时,被测者必须闭着眼睛,将数字写在各个圆周内。

③ 认知测验方法。认知学派认为个体的品德是由品德中的认知因素决定的,因而他们主张从品德现象的认知方面测评品德水平。这方面最具代表性的是雷斯特测验。

④ 知觉测验。相当多的研究发现,品德与知觉有一定的关系。原则型强的人比一般人更警觉,对疼痛更敏感,更容易厌烦,但这种测验只是一种辅助性的品德测评方法。

⑤ 皮亚杰的“对偶故事法”。对偶故事法是皮亚杰受到精神分析学派的投射原理而提出的一种间接测评个体品德发展水平的方法,它在一定程度上避免了直接研究中真实性程度下降的弊端。皮亚杰使用编制的对偶故事让个体作出判断,并向个体询问作出这种判断的理由,把个体的道德认知发展水平划分为他律和自律水平,并在总结大量研究成果的基础上,提出了他自己的个体道德认知发展理论。

⑥ 柯尔伯格的“两难故事法”。柯尔伯格把皮亚杰的对偶故事改成了包含道德两难冲突情景的一个故事,对两难故事的反应也不是在对偶故事中所采用的二择一选择判断,而是对根据故事内容(如“海因兹偷药”的故事)提出的一系列问题作出判断并陈述理由,最后由研究者根据标准的评分体系对个体的道德推理进行评分,对评分结果采用阶段归档或计算道德分数的方法确定出个体道德认知发展的三级水平与六个阶段。

2. 学历要求

根据我国军队院校教员的师资力量构成,结合双员型教员的职责需要,双员型教员一般应具备硕士以上学位。对于具有高级专业技术职称的教员,因其把握学科前沿,具有较强的科研能力,且一般具有多年的教学经验,能够在专业知识的学习和研究上给学员提供指导,故可将学历要求放宽至大学本科。对于具有三年以上部队任职经历的教员,因其具有较多的实践经验,其指挥员能力较其他教员高出很多,更容易在学员的指挥员素养培育上有突出表现,因此,其学历要求也可适当放宽至大学本科。

(二) 专业素养

双员型教员的专业素养,主要包括专业知识、指挥能力和教学能力三个方面,在双员型教员的资格认证程序中,要从政策层面对这三方面的专业素养进行考查,以保证双员型教员具备合格的专业素养和基本的执教能力。

1. 专业知识

双员型教员首先的角色是教员角色,这就要求其必须掌握所教专业完整的知识体系,清楚其所教学科在专业体系中所处的位置,及与其他学科的关联关系;还要求教员不仅掌握其所教学科的专业知识,还能够把握该学科的前沿知识,并能够及时把新技术新方法引入到课堂中去。

对于专业知识掌握程度的考查,可以通过各种形式的考试和考核来完成,如参加本专业的职业(执业)资格考试,审核其专业背景,受教育经历等。在考核过程中,要综合考虑双员型教员资格申请者的求学、工作经历,组织不同形式的考核。对于具有五年以上执教经历,并且其所学专业与所教专业一致,或所学专业相近且从事其所教学科教学工作两年以上的教员,可根据其工作期间所发表的所教专业的学术论文情况,考核其专业知识能力;对于执教时间较短的新教员,则通过组织统一专业知识考试的形式,来对其专业知识的掌握情况进行评判。

2. 指挥能力

双员型教员不同于普通教员的一个重要特征,就是双员型教员的指挥员角色,也就是说,双员型教员除了要有教员的基本素质之外,还要具备较强的指挥能力。因为院校对于教员的指挥能力的培养和考核普遍关注不够,故对于双员型教员指挥能力的评判,必须进行统一的考核。在考核的具体组织上,可采取跨校交叉考核或多院校统一考核的办法来保证考核的公平公正;在考核内容上,要从组织指挥能力、教育训练能力、行政管理能力、政治工作能力等多个方面进行考核,以保证双员型教员真正具备过硬的指挥员素养。

3. 教学能力

教学能力是教员开展教学活动必不可少的职业技能,包括授课、讲解、教学示范等。双员型教员更要注重自身教学能力的提升,实现专业知识讲授与指挥能力培养两方面工作任务的无缝衔接,准确传授理论知识,有效提升指挥能力。双员型教员不能仅满足于掌握专业知识,还要具备一定的教学研究能力,这同样是对双员型教员的基本能力要求,也是作为教员必备的职业技能。

对于教学能力的认定,同样需要综合考虑申请者的求学和工作经历。对于新入职教员,其教学能力的考核可参照新教员岗前验收的标准执行,采用理论测试和实践测试相结合的方式组织考核。理论测试主要考查基本教学理论和教学方法的掌握情况,可以笔试的形式进行考核;实践测试以试讲为主,可以适当增加面试环节,主要考查资格申请者运用教学理论教学方法完成教学活动的能力,考核的组织可利用现代多媒体技术,如微格教学,模拟真实教学环境,考查申请者的综合教学能力。对于已经执教多年的老教员,其教学能力的考核主要从发表的教学论文数量、质量,历次教学效果评估情况,学员评教情况等几个方面进行考查,并根据实际情况增加试讲环节的测试。

二、双员型教员资格认证程序

(一) 认证路径

各院校师资主管部门应尽快出台与本校实际情况相适应的双员型教员资格认证制度。其具体的认证程序可以效仿美国职业教育教师资格认证程序,分为两条路径,即成长路径和转换路径。成长路径主要针对新入职教员,这部分教员普遍具有硕士以上学历,在入职前对专业知识有比较系统的学习,但指挥能力差别比较大,教学能力普遍偏弱,因此,在其成为双员型教员的过程中,除获取相关专业的学历学位证书外,还应通过指挥能力和教学能力的测试,才能够获得双员型教员资格,如图 4-2 所示。转换路径主要针对老教员,这些教员大部分专业知识扎实,教学经验比较丰富,但可能存在知识老旧、指挥能力相对薄弱的现象,因此,在其成为双员型教员的过程中,需要通过知识更新情况、指挥能力测试、教学能力评定三个方面的综合考评,才能够获得双员型教员初级职业资格证书,如图 4-2 所示。

图 4-2 的认证程序主要针对新入职的教员,他们普遍进行过比较系统的专业知识学习,若为 3 年内毕业的教员,其知识内容相对比较接近专业前沿,可以认定为其具有相应的专业知识和研究能力,若毕业已经超过 3 年,则可能面临专业知识老旧的问题,因此还要考查其近期进行学术研究的情况,以确保其能够把握学科前沿和专业动态。对于曾经有过一段时间基层

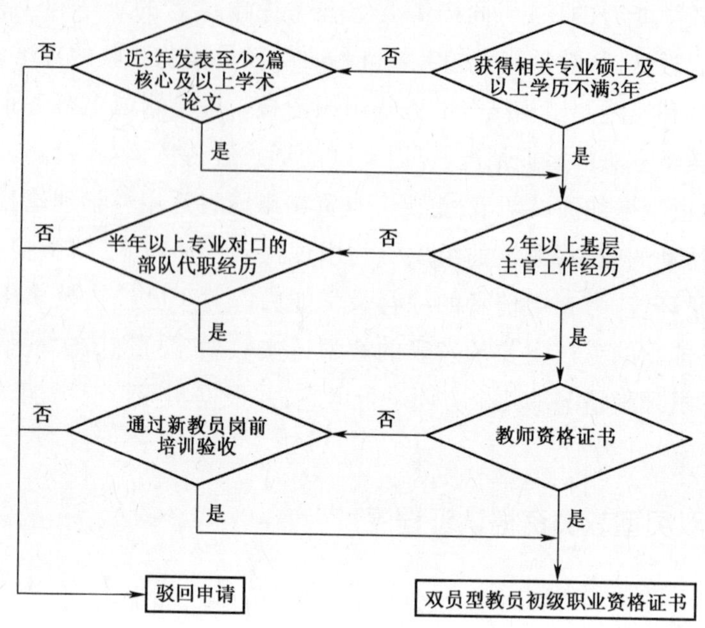

图 4-2　取得双员型教员资格证书的成长路径

主官工作经历的教员,其指挥能力、管理能力等指挥员基本素养已经具备,因此可以直接通过指挥能力评定,但对于没有长时间基层工作经历的教员,则需要到确实使用其执教专业知识的部队进行半年以上的代职锻炼,培养其基本的指挥员素养以及专业知识的运用能力,完成代职后需要通过相应的指挥能力考核,方可认定其具备合格的指挥能力。对于已经获得国家颁发的教师资格证书的教员,其在获得该证书的过程中,已经进行了相关的教学能力考试,并达到了合格标准,因此可以认定其具备了基本的教学能力,而对于未获得教师资格证书的教员,则需要通过统一组织的新教员岗前培训的验收,才能够认定其教学能力合格。只有专业知识、指挥能力、教学能力三个方面均合格的教员,才能够获得双员型教员初级职业资格证书。

图 4-3 的认证程序主要针对已经取得从教资格的现任教员。考虑到双员型教员队伍应该把一些老专家老教授吸收进来,因此在学历要求上,可在硕士研究生学历和高级专业技术职称两者之间满足一个即可。这些教员专业基础知识扎实,但因其毕业时间较长,为保证其专业知识能够及时更新,关注学术前沿动态,故可通过其近期发表高水平学术论文情况考查其对新

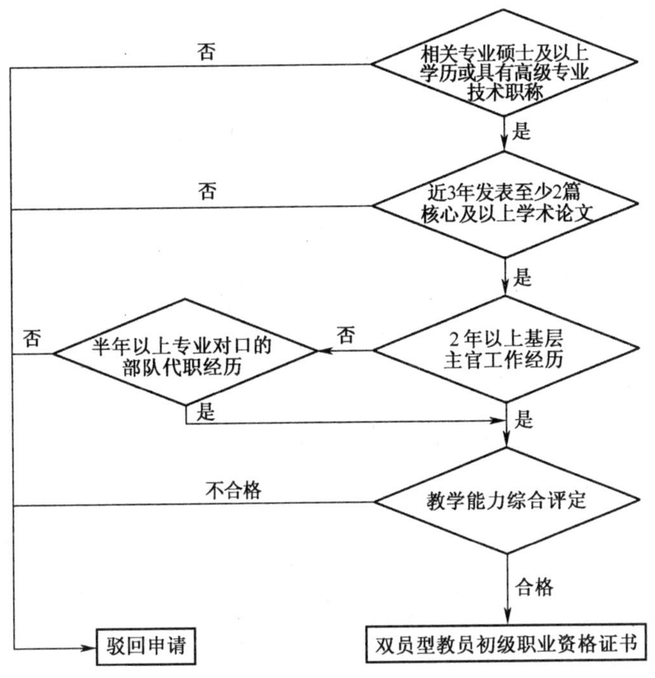

图 4-3 取得双员型教员资格证书的转换路径

理论新技术的把握情况。老教员由于其任职经历不同,其指挥能力也是参差不齐的,具体的考查方式和依据与成长路径中指挥能力的考查相同,不再赘述。老教员普遍具有多年的从教经验,其教学能力一般能够达到合格水平,可通过其授课质量评估成绩、发表教学研究论文数量和质量,以及组织和参与教学研究项目情况,进行综合评价。

(二) 双员型教员资格证书的级别

双员型教员的资格与教员的专业技术职称类似,分为初级、中级、高级三个层次。其中,初级资格是基础,所有双员型教员的申请者必须经过资格认证环节获得初级资格,而中、高级双员型教员主要由初级双员型教员经过实践锻炼产生,不再组织集中培养和选拔。获得双员型初级职业资格证书的人员,经过两年的教学、指挥实践,可申请双员型教员中级职业资格,其专业知识、指挥能力、教学能力三个方面的考评成绩均达到“良好”以上者,可获得双员型教员中级职业资格证书。已成为中级双员型教员,且在重大军事竞赛或军事演习中,指挥有序、技术过硬、表现突出的教员,可成为高级双员型教员。

(三) 双员型教员资格证书的时效

双员型教员的能力培养,是一个不断递进、不断提升的过程,因此,其资格证书也不能是一劳永逸的。已经取得双员型教员资格证书的教员并不代表终身拥有此证书,必须定期进行职业资格证书的复认证,有效期以5年为宜。职业资格证书的复认证,按照证书级别分别进行认证,通过复认证的,可继续保留相应级别的双员型教员职业资格;未通过复认证的,中、高级职业资格可做降级处理,初级职业资格的则取消其双员型教员资格。这样既有利于保持双员型教员队伍的活力,又有利于促进双员型教员能力的持续发展,从而不断提高双员型教员队伍质量。

考虑我军院校实际情况,建议推行双员型教员资格证书制度。从军事院校建设的长远发展看,双员型只是军校教育发展过程的一个过渡阶段,在军校教育发展到阶段之后,就不需要双员型教员资格认证了。因为随着军校教育的不断发展,教员整体素质不断提升,从事军校教育的教员都将具备双员素质。

第二节　构建双员型教员培养、培训制度

随着实战化教学理念的不断深入和面向实战的教学改革的深入开展,各军队院校对双员型教员的需求不断增加。然而,各院校双员型教员队伍的实际情况是双员型教员数量不足、水平有限,制约了实战化教学训练的深入开展。建设一支数量充足、职称结构、知识技能结构、年龄结构合理的双员型教员队伍任重而道远,如何构建适应双员型教员职业发展的培养培训制度至关重要,是保证军校教育可持续发展的关键因素。因此,当务之急是建立一套合理、行之有效的双员型教员培养制度,保证双员型教员培养工作制度化、规范化。

一、创造良好的外部环境

训练及政工部门对于加快双员型教员培养工作制度化、规范化进程具

有不可推卸的责任，是军队院校双员型教员培养制度的建设者、推动者，管理和引导着军队院校双员型教员队伍的建设和发展。各级主管部门一方面要加强对教员队伍建设的重视程度，对双员型教员师资培养工作给予政策和经费支持；另一方面要加快制定双员型教员培养培训制度，明确双员型教员的准入标准和培养途径等，尽快建立双员型教员培养制度。

（一）尽快出台《双员型教员条例》

军校双员型教员在角色扮演、能力要求等诸多方面，与地方的职业教育中的“双师型”教师有很大的相似之处，而很多发达国家的职业教育起步早、投入大，在师资队伍建设方面已经取得了很大成功，可以为军校的教员队伍建设提供有益的借鉴。

纵观发达国家职业教育师资队伍建设，专门的教师法律法规是保证其职教师资高素质、高水平的重要原因。日本政府于 1999 年颁布《雇佣—能力开发机构法》，规定成立专门的职业教育师资培养机构，在培养职业教育教师中起主要作用。“职业训练指导员”接受理论与实际操作训练，保证其具有“双师素质”。德国作为职业教育的先行者，早在《职业训练法》《联邦职业教育保障法》中对职教师资做了明确的规定。国外职业教育取得成功的原因不仅在于起步早，更主要的是得益于一整套缜密的教师培养制度。

目前，各军队院校普遍已经意识到自身对双员型教员的需求，其师资队伍建设已经或多或少的向双员型教员的方向发展。但关于双员型教员的资格认证、管理保障等各方面制度均未成体系，甚至未形成明文规定。因此，出台《双员型教员条例》迫在眉睫，对双员型教员队伍建设具有重要意义。

1. 明确规定双员型教员标准

目前，各军队院校双员型教员队伍的建设水平参差不齐，对双员型教员能力素质的要求标准也不统一。虽然各单位在具体要求上存在一些差异，但整体归纳起来，大体可以分为三个方面的要求。

一是对于学历和资历的要求。目前，我军院校的教员绝大部分在硕士以上学位，极少数是本科学历教员。这些本科学历教员一般是年龄比较大，具有丰富教学和实践经验的老教授。单看学历水平，似乎都能达标，但需要注意的是，目前有不少教员所教授的专业与其学历专业并不一致，因此，在制定双员型教员的学历标准时,要充分考虑到这一点,对于跨专业教学的教员,要通过其所教专业的专业能力测试,才能够认定其学历符合标准。双员型教员的资历要求,是指双员型教员至少要有半年以上的部队代职经历,且代职期间从事的工作与所教专业密切相关。《双员型教员条例》中对双员型教员标准的规定,可参照双员型教员资格认证制度中对认证路径的阐述,具体标准要区分老教员和新教员,分别制定符合他们学历和资历水平的标准,既保证了双员型教员队伍的质量,又保护了年轻教员成长为双员型教员的积极性。

二是明确双员型教员的品德和指挥能力要求。教员扮演的角色不仅是传道授业解惑者,教员的言行举止更是学生仿效的对象,教员对学员人格塑造起着重要的作用。对于双员型教员指挥能力要求,可根据其执教专业的训练大纲要求,对教员的组训能力进行考核。

三是对双员型教员知识技能的更新能力和教学管理能力的要求。双员型教员必须具备跟踪学科前沿理论,掌握新技术、新方法的能力,保证自身知识结构和内容的及时更新。这方面的能力可以通过其学术研究情况进行综合评判。此外,很多军校教员并非来源于师范类院校毕业生,接受的教学理论和教学方法的学习比较有限,因此,从教学管理能力看,双员型教员应该有一定的教育学、教育心理学相关知识的学习或培训经历,能够准确确定教学目标、设计符合学员学习规律的教学方案,确保教学活动顺利开展,保证教学质量。

2. 明确双员型教员培养标准

为确保双员型教员队伍建设的可持续发展,尽快制定与双员型教员培养要求相适应的标准,包括获得双员型教员资格前的培养和获得资格后的培训两个部分,从培养方案和课程内容入手,明确双员型教员的培养标准。

发达国家在师资培养过程中,非常重视教育类课程,如教育学、教学法、专业教学法、心理学等,还设有师范实习的准备培训、师范实习后的培训、教育心理学、教育社会学等课程,加深了教师对教育和教学的认识和了解。我国对于师资的培养,关注更多的是中小学教师的培养,而且已经出台了《教师教育标准》等相关政策,但是对于职业教育和高等教育师资的培养,关注度要低的多,相关的政策法规也很不完善。

军队院校可充分借鉴国内外师资培养的成功经验，在军队院校内部，以双员型教员培养为试点，率先建立高等教育和职业教育的师资培养标准，尽快对教员专业标准、培养的课程标准以及评价标准等方面做出明确规定，逐步建立双员型教员培养标准体系，研究制定和完善双员型教员资格标准。

德国关于教师教育标准的经验和做法值得参考。2004 年 12 月德国文化教育部长会议向公众颁布全联邦性的《教师教育标准》(以下简称《标准》)。《标准》明确提出教师专业发展必须具备三种知识，即理论知识、职业知识以及教学行为知识。

结合目前军队院校教育的具体情况，双员型教员不仅需要具备应包括理论知识、指挥知识和教学行为知识在内的三种基本知识，还应具备扎实的指挥技能，双员型教员的指挥能力绝不能是“纸上谈兵”。双员型教员的教学活动，应以其理论知识、指挥知识为基础，以其指挥技能为依托，以教学行为知识为指导，不断的设计和完善教学活动各个环节。这几方面的知识相辅相成，共同构成了双员型教员的知识和能力框架。因此，双员型教员的培养应以上述知识的获取和能力的提升为目标，在双员型教员应该具备的知识水平、培养课程标准以及考核评价标准等方面做出明确规定。

就目前大部分军队院校的师资培养来看，大部分对于理论知识比较重视，对于指挥知识的重要性，也有了一定的认识，但对于教学行为知识的认识，还停留在对教学基本功的关注上，而对于专业教学法、教育心理学的关注则要少的多。而军队院校的教员绝大多数是毕业于非师范院校的，对于教育学、教学法、心理学的学习不多，因此，在双员型教员培养标准中，要剖析双员型教员应具备的知识和能力的具体需求，并对目前院校师资队伍的具体情况进行充分调研，确定师资队伍普遍存在的薄弱环节，有针对性的设计双员型教员培训课程的课程标准。

（二）建立双员型教员队伍建设专项经费制度

双员型教员队伍建设是一个系统工程，需要多方面的综合保障，其中，经费保障是基础，建立双员型教员培训专项经费制度，能够为双员型教员的培训提供更有力的保障，也使得培训产生的各项经费开支的合理性有法可依，有章可循。

目前，大部分院校的双员型教员培养均处于起步阶段，培养经费来源比较随机，有的来源于教学研究，有的来源于师资培养经费，但大都不固定，且经费数量非常有限，用于教员的短期培训学习尚显不足，更无法支撑双员型教员队伍长期深入的建设。

建立双员型教员队伍建设专项经费制度，落实双员型教员队伍建设的经费来源、经费额度以及经费用途等具体问题。双员型教员队伍建设经费一般来源于师资培养经费，建议为双员型教员队伍建设经费建立单独的账户，并规定具体的额度，例如每年师资培养经费的30%用于双员型教员队伍的日常建设，主要保障必要的教具等教学设备的购置，以及双员型教员的教学研究和培训的费用。对于需要进行场地、环境建设等大型工程，经费则走营房建设相关程序解决。

二、构建双员型教员培养培训长效机制

（一）建设双员型教员培训基地

双员型教员的培训，需要引进多方资源，单靠一所院校单打独斗，很难形成体系，而且各院校之间建设经验的交流渠道也不畅通，容易造成重复建设，浪费资源。建立双员型教员培训基地，能够调动多方资源，将各院校建设力量凝聚起来，形成合力，使双员型教员队伍建设事半功倍。

双员型教员培训基地建设，要以各院校为主力，更要依托部队，充分发挥部队作为用人单位，对人员能力需求更加清晰明确的优势，采取多方合力，共同培养的方式，保证教员教学能力、指挥技能的有效提升。

需要特别关注的是，双员型教员培训基地建设，不能停留在政策指导层面，要有相应配套的可行性政策法规。这就要求相关决策部门，结合目前军队院校师资队伍情况，尤其是结合双员型教员未来发展需求，制定双员型教员培训基地标准，以此为依据寻求适合建立双员型教员培训基地的院校、基地或部队。在制定双员型教员培训基地标准时，要遵循“择优、择强”的原则，即双员型教员培训基地要拥有通配的武器装备或模拟训练系统、一流的培训教官以及完善的培训制度。

双员型教员培训基地建设，应尽快出台《双员型教员培训基地管理条

例》,从基地的管理机构及职能、发展规划、师资培养培训计划、教学管理、绩效考核以及经费安排等方面建立健全基地培训体系。双员型教员培训基地作为军队院校师资培养的重要机构,也应接受上级主管部门的监督和审查。监察系统应贯穿整个双员型教员培训基地建设过程,通过不断的检查、反馈,引导政策的落实和执行,在一定程度上保证政策的执行效力。此外,还应有完善的双员型教员培训基地评估体系。为依法建立的双员型教员师资培训基地颁发资质证书,证书有效期则为师资培训基地的资质有效期,培训基地必须在证书到期前申请评估复认证,评估合格方可取得双员型教员培训基地资质证书,请领相关建设和维护经费。这项措施有利于加强培训基地建设,更有利于建立长期稳定的双员型教员培训基地。

(二)拓宽双员型教员培养渠道

双员型教员的专业技能和指挥能力的培训,主要依靠双员型教员培训基地和各院校自身的培训来完成,但是双员型教员的教学能力,与地方院校的教师教学能力要求是一致的,完全可以依托地方大学教育、各种培训机构等传统教育形式来实现提升,更要紧跟时代潮流,接受和引进网络培训的方式,丰富教员培养的方式。

随着互联网技术的发展,“互联网+教育”给我们的教育模式带来了很大的变革。《国务院关于积极推进“互联网+”行动的指导意见》中提出了“互联网+”十一项重点行动计划。针对教育领域,该文件提出以互联网为基础设施和创新要素,探索新型教育服务供给方式,可以说为“互联网+”时代中国教育的发展指明了方向。将“互联网+”引入教育领域,必然使教育内容不断更新,教育方式更加丰富,教育评价日益多元。“互联网+”与不同教育要素的结合,都将给教育活动带来深刻的变革。

互联网+教学,形成了网络教学平台、网络教学系统、网络教学资源,这就要求教员树立先进教学理念,改进课堂教学手段,丰富教学组织形式。正是由于互联网技术的引入,才使以先学后教为特征的翻转课堂得以真正实现。

互联网+课程,不单单是形成了网络课程,更重要的是它为课堂教学提供了丰富的资源,使课程的组织结构和基本内容都发生了巨大的变化。

互联网+学习,创造了目前受到热捧的移动学习模式。它绝不仅仅是提供了一个随时随地可学习的环境,更代表的是学习观念和行为方式的改变,它使得学员学习的主观能动性得以强化,使学员碎片化的时间得以充分利用。

互联网+评价,不仅改变了评价方式,更是对评价内容、评价标准的一次变革。教员可以通过网络平台,对学员的学习行为进行全程监控,对学员的学习情况给出综合评价,而不再仅依据学员的一次考试成绩来评定学生的学习情况。

“互联网+”所带来的教育模式的变革和教学方法的更新,不仅能够用于教员的日常教学活动,更应该应用于教员的培训中,一方面提高培训效率,让教员充分体会学习方式的变革所带来的学习方式的转变,另一方面也为教员运用这些新型教学方式提供了实践指导。

目前,常见的网络培训形式有网络学习平台和以微信公众号为依托的网络课程培训。网络学习平台有部分课程可以免费学习的中国 MOOC 大学、网易云课堂等,还有大部分课程需要付费的万门大学、唯库等,这些平台进行网络培训已经有一段时间,一般有比较规范的管理制度,能够提供学费发票、学习成绩单等要素。而以微信的公众号为依托的网络课程,则种类繁杂,知识覆盖面比较广,这类课程的讲师,一般是以自身的经历和经验出发,组织课程内容,虽然课程系统性不高,但是针对性和实用性均很强,其中不乏优秀的课程。同时,这类课程多是讲师自己在某企业公众号平台或个人公众号上开设的,其管理不是很规范,多数也无法提供学费发票、课程学习证明、成绩等要素,事实上,这类课程往往是不组织考核的。引入网络培训模式,要有相应的政策作为支撑,从网络课程的学习经费开支,网络课程的学习效果评判,到网络课程学习经历的使用等各个环节,均应有明确的规定,形成一套完善的教员网络课程学习培训的制度,成为双员型教员培训制度体系的重要组成部分。

三、重视外聘教员队伍建设

双员型教员队伍应以军队院校自身的在职教师为主体,以来自地方高校和部队的外聘教员为有益补充,构成师资结构更为合理,教员队伍更为优化的一流教员队伍。军队院校自身的在职教员虽然具有一定的教学经验，熟悉军校学员的特点，具有一定的指挥技能，但他们同时也面临着知识结构老化，指挥技能不足等问题，而外聘教员的引入，恰恰弥补了军校教员的这些不足，能够很好地促进军校教员知识结构的更新和指挥技能的提高，更好地完善双员型教员队伍建设。为保证外聘教员队伍真正成为双员型教员队伍的有力补充，应制定《双员型教员队伍外聘教员管理规定》，从外聘教员的选拔、聘用、培训、使用、考核、待遇等各方面做出详细的规定，使外聘教员工作公平公正，有章可循。

（一）外聘教员的选拔与聘用

对于外聘教员的聘用，应坚持公开招聘，个人申请，择优聘用的原则，对不同专业背景的应聘人员，设置不同的考查内容和方向。

来自地方高校的外聘教员，主要职责是引领专业方向，传播学科前沿知识，因此其选拔的基本要求应是地方高校的专家教授，所从事的研究与军校所开设的专业课程内容吻合，且近三年内有高质量的学术成果。这些专家教授一般具有较高的学术修养，一定的教师素质，只要他们热爱部队，有一颗为国防事业做贡献的赤子之心，就完全可以吸收到双员型教员队伍中，成为提升双员型教员队伍学术水平的助力。对于这部分外聘教员的主要工作是每学期完成一定课时的本科或研究生的授课任务，开设 1—2 场学术前沿讲座，与本校教员进行 1 次专业知识座谈交流。

来自部队的外聘教员，实际上就是选拔部队的军官或高级军士长到军队院校来轮岗，只要他们在装备操作、组织训练等某方面具有突出能力，且与院校所开设的课程教学内容一致，就满足了成为外聘教员的基本条件，接下来需要对其教师素质进行考核，只要其讲述思路清晰，表达清楚就可以作为外聘教员，来改善军校教员实践不足，指挥能力偏弱的情况，使双员型教员队伍能力更为均衡。这部分教员根据其学历水平可以分为两类，一类是本身就具体相关专业硕士以上学位的外聘教员，因其又具备丰富的装备实操和组训经验，本身就是潜在的双员型教员，完全可以经过培训，独立承担授课任务；另一类是学历水平不高的外聘教员，其在理论讲解上可能存在一定的困难，可与本校教员组成教员组合，彼此优势互补，共同完成实操实训类课程的授课任务,外聘教员主要是指导学员的实践操作,在这种组合和交流中,院校教员能够学到更多的操作经验,提高自身的操作水平和组训能力,而外聘教员则可以补充其理论知识,更好地指导其操作实践。

(二)外聘教员的培训方法

对于外聘教员的培训,应有详细规范的培训体系,对培训时间安排、课程安排、师资安排做科学周密、详细具体的计划,而且要区分外聘教员的经历背景,分别组织有针对性的培训。

对于来自地方高校的外聘教员,培训的目的主要是让他们了解军校的人文环境,军校学员的特点,以及军校学员的培养目标。因此,培训时间不宜太长,可以安排 1 到 2 个周末的时间,完成培训,并组织培训结业暨入职仪式,给外聘教员一个归属感,让他们意识到,自己也是军校的一员,而不是一个过客。

对于来自部队的外聘教员,因其教学能力相对薄弱,培训时间要比高校教员长一些,主要是补充一些教育学、教育心理学及专业教学法方面的知识,还可通过案例研讨的方式,组织部队教员与本校教员进行专业知识和操作技能的交流,大家取长补短。

(三)外聘教员的考核方式及结果运用

对外聘教员的考核,要有明确的考核标准,对于考核结果,要做好及时的反馈和沟通。对于学员反映好,授课质量高的高校外聘教员,可以通过提升课时费或建立优质授课教员奖励基金的形式给予奖励;对于受到学员和专家好评的部队教员,除进行物质奖励外,还可以建立轮岗教员留任制度,对于轮岗期间表现突出,授课质量优秀的轮岗教员,可以延长其轮岗时间,经过一定的考核后,甚至是留在院校任教,正式成为双员型教员队伍的一员。对于学员反响比较差,授课质量不高的外聘教员,要做好及时的沟通,指定专门的帮扶教员,帮助其寻找提高授课质量的途径和方法,而不能简单以辞退了之。总之,在建立科学合理的评估标准的前提下,不断完善外聘教员评估考核及结果反馈系统,帮助外聘教员改进自己的工作,不断提高工作绩效,进而提升双员型教员队伍的整体实力。

第三节　完善双员型教员到部队代职制度

关于军校教员到部队代职的工作,已经在几年前就开始了,代职制度也在逐步完善中。就目前的情况来看,能够给各院校教员提供代职岗位的部队比较有限,且专业对口性不强,大部分教员代职的收获比较有限。

一、机关加大扶持力度,建立专门协调机构

(一) 成立专门协调督查机构

要想让院校教员通过到部队代职提升其实践能力和指挥技能,就需要对其代职岗位进行仔细的筛选,到与其讲授专业对口的部队去,看看这些装备的实际运用和组训情况,而要想保证双员型教员到部队代职的效果,更是如此。之所以会出现代职专业不对口的问题,不是说部队不需要,而是部队和院校的信息不流通,导致部队需要某方面的专业人才来对其士兵进行专业知识的指导但苦于不知从哪里找到这样的人才,而院校教员想要了解本专业学员到部队后的实际管理、组训情况但找不到去相关部队进行调研学习的机会。因此,成立专门的协调督查机构,一方面负责收集整理院校和部队的人才交流需求,为人才的交流提供平台,另一方面对双员型教员的代职和部队人员的轮岗起到督导和保障的作用,切实解决人才交流过程中遇到的问题和困难,并定期组织代职、轮岗人员以论文、座谈等多种形式进行交流,将活动的效益最大化。

(二) 建立双员型教员到部队代职的长效机制

随着双员型教员到部队代职工作的逐步开展和完善,部队和院校双方的需求逐步清晰,对于需求比较固定的单位,可以建立稳定的代职合作关系,从制度上加以保障,逐步形成双员型教员到部队代职的长效机制。

一是机关推动双员型教员代职基地建设。对于列装种类多,人才交流需求大的部队,可以在机关的推动和协调下,建设成为双员型教员代职基地。机关在政策、人员编制、建设经费上给予一定的支持,代职基地应在代

职教员的食宿保障、工作安排等方面制定相应的政策。二是建立奖罚分明的管理制度。对于双员型教员代职工作完成比较好的部队和院校，给予一定的行政奖励，并在其发展上，给予一定的政策性支持；对于教员代职工作完成质量不高，敷衍了事的部队和院校，要在工作总结中进行点名批评，并责令其进行整改，促使其对代职工作引起足够的重视。三是建立双员型教员定期访问制度。受到授课任务量的限制，院校不能一次派出大量的教员到部队代职，而部队的岗位也有限，一次也接收不了太多的代职教员，因此，除了为期半年的代职以外，还应该定期组织为期 2 天到 1 周的短时间交流访问，其目的是让更多的教员对部队的情况有一个初步的了解，部分解决教员在工作过程中遇到的实践问题，也让部队的官兵了解到工作相关技术的最新动态，从应用的角度为教员的教学和科研工作提供意见。

（三）出台对部队、院校的鼓励政策

对部队可以从新型装备的优先配发、需求人才的优先挑选以及专业人才的晋升等方面制定鼓励政策。第一，对于双员型教员代职工作开展比较好的部队，优先为其配发新型装备，一方面是对其工作的鼓励，另一方面由于其与院校技术型人才联系紧密，其官兵的业务能力会较其他部队高，对于新装备的接受能力更强，优先为其配发更有利于新装备尽快的在部队训练中展开应用。第二，代职工作开展好的部队，由于与院校联系紧密，其能够在学员的学习过程中，就对部分学员的情况有所了解，从中发现自身需要的优秀学员，提前与其做出沟通，在学员的毕业分配中，这些单位可以优先选择自己相中的学员到本单位来工作。第三，在代职工作开展比较好的部队，由于其官兵也处在不断的学习中，官兵的整体素质和业务能力较其他部队普遍偏高，因此有理由适当减少该单位的复转员额，并提供较多的晋升空间，以期尽可能多的保留专业素质好，业务能力高的专业人才为部队工作。

对院校可以从新增专业的设立、科研任务的下发等方面制定鼓励政策。这样做，一方面是为了对双员型教员代职工作组织比较好的院校进行鼓励，另一方面也是因为这些院校确实有实力和能力更好的完成这些工作。第一，由于到部队代职的双员型教员比较多，与部队联系比较紧密，对于部队的人才需求比较清楚，专业敏感度比较高，所以在新增专业的设立上，可以

优先考虑这些院校。第二，由于其与部队联系紧密，对部队的组训情况了解比较透彻，更容易发现其中存在的不足，所以其申请的科研任务往往更具有针对性，能够切实解决实际问题，在科研任务的下发和科研经费的请领上应该给予支持。

二、部队和院校转变观念，积极接纳和组织教员代职

双员型教员队伍的发展壮大，能够极大地增强军队院校的师资力量，提升院校的育人水平，使得军校培育的学员能够更好的适应部队工作的需要，而部队也节省了对新毕业分配来的干部进行针对性专业训练的时间，对于院校和部队都是大有裨益的。

（一）转变思想，树立长远的人力资源观念

军队院校组织双员型教员到部队代职，对于院校和部队是双赢的事情。教员到部队代职，有利于教员走下讲台，走出学校，将理论付诸实践。在部队代职的过程中，教员不仅能够第一时间掌握部队对人才知识结构和能力的要求，并直接反映到教学计划和教学实践的过程中，不断提高自身的专业知识和技能，还能够将部队的用人标准、用人需求、岗位职责和能力要求等信息带回学校，辅助学校对人才培养思路、课程体系、课程标准等进行改革，从而提高军队院校培养学员的专业知识和技能，增强学员到部队的适应性和适用性。

对于军队院校来说，组织教员到部队代职，从眼前来看，是增加了在岗教员的人均任务量，但从院校的长远发展来看，教员的指挥技能得到了提升，而且教员更加了解部队的用人环境，对于其改进教学方法，使教学内容尽可能的贴近部队需求是大有帮助的，如此长期积累下来，院校教员的整体水平将有大幅提升，其培养的学员更能够适应部队的需求，学员到部队的表现好，院校的知名度自然随之提升，院校才能得到更好的发展。

对于部队来说，接收教员过来代职，从眼前看，似乎是额外增加了一些代职人员保障、管理等任务，但代职人员所带来的知识和技能，对部队官兵综合素质提升的帮助也是不容忽视的。部队人员对于装备的操作可能非常熟练，但是为什么如此操作，知道的人就不多了，这种情况下，装备一旦出现

一点与正常情况不一致的小问题,可能他们都无从下手;而军校的代职教员,虽然操作不太熟练,但是他们清楚背后的原理,他们可以在代职过程中,把原理给部队人员讲清楚,让他们不仅知其然,而且知其所以然。这对提升部队人员的整体技术水平起到的非常大的作用。

双员型教员到部队代职,从长远角度看,对军队院校和部队都是大有好处的,能够很好的促进其发展,因此,军队院校和部队都应该克服眼前的困难,大力支持教员到部队代职制度,为自身的更好发展抢占先机。

(二)各单位内部建立代职教员的管理规定

各军队院校内部应建立适合自身任务特点的教员代职管理办法,从代职教员的遴选办法、教员代职的时间长度、教员代职期间授课任务的调整流程、教员代职的频度、教员代职效果的考核等方面进行明确的规定。

教员在代职期间,就是部队的普通一员,部队对其具有管理权,部队对教员的管理应该做到以下几点:一是要一视同仁。虽然教员的命令在院校,但是在部队代职期间,必须遵守部队的各项规章制度,在出操、内务、训练、工作纪律与规范、岗位职责和工作内容等方面,跟与其相同岗位的官兵完全一致,没有特殊性。二是考虑到教员是短期代职,具有特殊的目的,是为了院校人才培养需要而进行的特殊学习,因此,部队应充分考虑到教员的代职目的和需求,合理安排其代职岗位。三是建立教员代职安全管理制度。代职教员可能对于部队的装备、训练设施等的操作和使用规范不是很清楚,因此部队要对代职教员进行安全操作等方面的培训,避免代职教员因误操作造成安全事故。

(三)建立部队军士长、工程师和教员交流互动的平台

虽然双员型教员到部队代职和部队外聘教员制度,为部队人员和军校教员搭起了交流的桥梁,但是由于院校与部队的交流受到地域、隶属关系等的限制,存在交流范围狭小、时间较短等问题,而且教员到部队代职后,虽然与部队人员互留了电话、微信等联系方式,但出于信息安全的考虑,这些基于民用网络的联系是不可以谈论具体工作事宜的,这就给后续的交流带来了一定的障碍。因此,有必要在军事综合信息网上建立专用的交流平台,这

个平台可以是一个论坛，其中以学科专业划分板块。有了这样一个平台，不仅可以保证教员与其代职的部队人员的后续交流沟通，延伸代职学习，也可以为更多的从事相近领域教学、科研和实践工作的人提供一个交流的机会，在彼此的思想碰撞中，产生解决实际问题的新思路和新方法，更好地促进技术的发展进步。

三、院校与部队加强共建，完善教员到部队代职制度

双员型教员到部队代职实践，不能停留于形式，要切实加强各项制度建设，做好教员的动员工作，充分调动院校和教员两个方面的积极性和主动性，将教员到部队代职工作做为双员型教员队伍建设和发展的一项不可或缺的项目长期开展下去。

（一）制定《双员型教员代职实践实施办法》

军队院校要建立双员型教员定期到部队代职实践的各项规章制度，并将这项工作纳入双员型教员培养体系，作为双员型教员职称评审、职务晋升、评优评先、专业带头人选拔和教学骨干培养的重要参考条件。可以在大量调研，广泛征求各方意见的基础上，制定《双员型教员代职实践实施办法》。该办法除对教员到部队代职实践的申请办法、审批流程、手续办理等做出明确规定外，还应对教员代职的待遇做出明文规定，如教员代职的往返路费、代职期间的校外补贴、代职实践的成果奖励等均需体现。还应建立双员型教员定期到部队代职实践的奖励政策，激励双员型教员定期到部队去代职调研，提高其专业素质和指挥技能。

（二）建立监督考核制度

双员型教员到部队代职实践，必须建立完善的考核评价体系，对整个代职阶段教员的工作表现、工作任务的完成情况、实践能力和指挥技能等关键指标进行跟踪记录。一方面考核教员到部队代职的实践工作绩效，即教员学会了什么，可以通过部队反馈给学校的教员代职实践鉴定表、教员的代职实践总结报告进行认定。另一方面考核教员学以致用的能力，也就是，教员是否将在部队所学到的知识和技能有效地传输给了学员，即学员能学到什

么,可以通过院校自行组织的听查课、代职教员比武等活动进行考核。通过这两个方面的考核,能够清楚地了解教员学会了哪些指挥技能,掌握了哪些实践方法,了解了部队的哪些情况,是否有利新的教学方法、教学思想,是否提高了学员的学习热情,是否提升了授课质量,是否比没有到部队代职的教员进步快,从而切实提高教员代职实践的有效性。还应该进行广泛的效果监测,即监测其他教员对代职实践的看法,双员型教员到部队代职实践对学校专业建设和发展的促进作用,对学员适应部队的能力和发展后劲的影响等,使教员到部队代职实践制度逐步趋于完善。这是对双员型教员培养的持久性考核。

(三)成立专项领导小组

为保证双员型教员到部队代职活动的顺利开展,军队院校可成立由校长、分管训练副校长、教务处、各专业系领导等部门负责人组成的双员型教员代职实践领导小组。领导小组通过全体教员会议、教研组长会议、教师会议等形式宣传双员型教员到部队实践锻炼的目的和意义,定期组织校内交流活动,加大宣传力度,在校内形成人人关注、人人参与的良好氛围。

第四节　双员型教员基本管理制度建设

双员型教员培养培训制度建设有利于促进军队院校双员型教员培养体系制度化、规范化,为提高双员型教员队伍素质提供了必要的政策支持和制度保障,是双员型教员队伍建设的重中之重。同时,各军队院校也不能忽视双员型教员队伍建设其他配套机制的健全。完善合理的人事管理制度、绩效考核制度以及晋升管理体系能够为双员型教员队伍建设保驾护航,推进双员型教员培养培训制度有效实施。

一、建立科学完善的人事管理制度

现代人力资源管理理论要求以人为本,人是管理的中心,要充分利用激励机制,调动教员的教学积极性和创造性,引导教员去实现预定的目标。各院校应该以严格的规章制度为依据对教员执教能力进行管理的同时,将“人情”融入管理，使得教员体会到“人情”的温暖，最大限度地激发其工作的热情。同时学校要尊重和关爱教员，想其之所想，急其之所急。积极帮助有困难的教员，解决其在工作、学习、生活中遇到的难题，给教员创造足够的发展空间、创新空间、创业空间，增强教员的归属感和责任心，激发教员的工作热情。军队院校要从教员的根本利益出发，准确把握教员的教学情况、心理动态等，关心教员的内在需求，尊重教员的职业发展，携手共建美好学校。

马斯洛需求层次理论指出，人有生理、安全、社交、尊重与自我实现五个层次的需求，应根据不同层次的需求，采取不同的激励方式，使需求得到满足。人事管理的一项重要任务就是激励员工，建立有效地激励机制，激发和调动教员积极性，建立和完善激励机制有利于提高双员型教员队伍质量，优化人力资源。学校有责任为教员提供宽松的制度环境和文化氛围，指导教员进行职业规划，帮助其确定职业目标和工作目标，提供适合其发展的较为挑战性的工作机遇。从而建立个体创造—成就—再创造—再成就的良性循环机制，有序地推进其成长进程。具体的，军队院校可以通过校内“教学标兵”“组训能手”“我最喜爱的教员”等评选活动、课题研究成果展示、专题教研会、“大讲堂”等活动，为教员的成名、成功搭建广阔的平台，让每一名教员都有机会成为本专业的领军人物。让他们觉得自己的人生价值在教坛上能够得以体现，感到无怨无悔，从而产生强烈的职业幸福感。

二、制定双员型教员职业生涯规划

军队院校应该重视双员型教员职业生涯发展。教员是军队院校建设发展的中坚力量，双员型教员因其不仅能够适应军校教员的角色，更具备一定的指挥技能，使得其培育的学员更能够适应部队任职需要，因而，双员型教员可以说是军队院校师资力量的重中之重。军队院校要格外注重对于双员型教员的培养，在教员参加双员型教员任职培训之初，就要与教员就个人职业发展方向进行探讨，根据教员的不同专业背景、能力特长、岗位需求，制定不同的培训计划和个性化的教员职业生涯发展规划，最大限度地发挥双员型教员的潜力。

三、构建合理的晋升管理体系

成为双员型教员，意味着要经历若干次到部队代职来提升自身的专业素质和指挥能力,这个过程本身就需要比其他教员付出更多的努力和艰辛,因此,要有与之相匹配的激励机制来鼓励教员为之付出努力。

作为教员,除了薪酬待遇,最关心的就是其职称评定、调职调级和职业发展空间了。针对有的教员认为,到部队代职半年,是浪费时间,还不如踏实在院校工作,发表几篇论文对职称评审有帮助的顾虑,可以在双员型教员的晋升管理中明确规定,成为初、中、高级双员型教员能够在职称评定打分中有若干的加分,也可以规定教员到部队进行代职锻炼如果取得了一定的成果,也可以在职称评定中进行加分。另外,还可以规定,获得双员型教员资格证书的教员,可以获得一次提前晋升专业技术职务的机会。除此之外,由于双员型教员在多次的部队代职中锻炼了自身的指挥能力,使得其综合素质更胜一筹,所以在进行教研室领导、系领导甚至是机关领导的选拔任命时,可以优先选拔双员型教员。如此规定,可以说无论教员是走职称评定的专业技术职业发展路线,还是走行政管理职业发展路线,双员型教员都具有了一定的优先权,能够更好地激发教员向双员型教员成长的积极性和主动性。

此外,对于外聘教员,也应该有相应的管理制度来激发其工作热情。比如,对于授课质量优秀,指挥能力较高的外聘教员,通过双员型教员认证考核后,可以经过个人申请、组织审批等一系列手续,调动到期聘任院校,正式成为双员型教员队伍中的一员。

双员型教员的晋升管理体系建设,绝非军队院校一家之力就能够完成,需要在部队和上级主管部门的大力支持和推动下,由上级主管部门牵头成立领导小组,院校和部队的干部部门配合论证,逐渐丰富和完善各项规章制度,逐步形成合理、完善的管理体系。

第五章 基于职业发展的军队院校双员型教员教学能力建设

欧美国家从 20 世纪七八十年代就开始研究教师专业发展相关理论，该研究主要有两个领域取向：一种是从横向的角度来开展教师专业发展的各个方面研究，主要包括专业能力和知识等各方面的特征及发展状况；另一种是从纵向的角度来开展教师专业发展的过程研究，包括过程不同阶段的划分以及不同阶段的特征，即教师职业发展研究。具体而言，教师职业发展就是指教师的职业素质、能力、成就和职称等随时间轨迹而发生的变化过程及相应的心理体验与心理发展历程①。

军队院校教员队伍数量巨大，来源广泛，水平参差不齐，而承担的使命任务艰巨，因此亟需对不同水平的教员开展不同的培训。根据调查发现，当前军队院校教员培训在内容、方式、管理、考核等方面存在诸多问题，影响了教员队伍整体能力素质的提升。本章主要基于教师职业发展相关理论，系统梳理双员型教员在不同发展阶段，所需的专业能力素质，以及围绕相关能力建设所开展的实践。

第一节 军校教员职业生涯发展概述

军校教员作为一种特殊职业，其职业属性涵盖了军人和教师两个方面。因此在涉及军校教员职业发展时，在教师职业发展的基础上，还应重点关注

① 申继亮．教师人力资源开发与管理[M]．北京：北京师范大学出版社，2006.

军人职业发展的相关方面。

一、教师职业生涯发展理论

教师生涯发展阶段理论的研究起源于职业生涯发展的理论与实践研究,该理论是一种以探讨教师在历经职前、入职、在职以及离职的整个职业生涯过程中以阶段性发展规律为主旨的理论。该理论以成人发展理论为基础理论,吸取了心理学、生理学、社会蹙额以及人类生命科学等学科领域的研究方法与研究成果,构建了一套系统的理论体系①。

教师生涯发展是从纵向的角度探讨教师专业的发展,了解其各个时间段所表现出来的特征,依据这些特征来确定教师的需求,及时作出相应的回应,以促进教师职业生涯的不断发展②。

(一)生涯

"吾生也有涯,而知也无涯。以有涯随无涯,殆已!"这是庄子对生涯的最早阐述,这里的生涯是指人的一生。而作为学术概念里的职业含义,直到20世纪60年代后才被广泛使用。

生涯在《现代汉语词典》中的解释是"指从事某种活动或职业的生活"。生涯的英文是"career",在《牛津高阶英汉双解词典》中的英文解释是"professional or occupation with opportunities for advancement or promotion",即有机会提升或发展的专业或职业,另外一个解释是"progress through life",即贯穿生命的过程③。这两个核心的解释构成了对生涯的理解,对生涯的解释也就在这两个层面上进行着进一步的丰富和扩充。

最早,研究者认为生涯是以工作、职业为核心的。沙尔特认为生涯是指一个人在工作生活中所经历的职业或职位的总称;霍尔认为生涯是指一个人在一生中从事与工作或职业有关的经验和活动;麦克兰则认为生涯是一个人根据自我确立的长期目标,形成的一系列职业或工作选择,以及教育训练活动,是带有严格规划的职业发展历程。

---

① 连榕. 教师专业发展[M]. 北京:高等教育出版社,2007.

② 朱旭东. 教师专业发展理论研究[M]. 北京:北京师范大学出版社,2011.

③ 《牛津高阶英汉双解词典》[M]. 4版. 北京:商务印书馆,1997.

后来，研究者开始注重生涯的整体性，认为生涯应涵盖人生总的各种职业与生活角色，从青春期到退休后，所有有酬与无酬职业的综合，甚至涵盖了兼职、家庭和公民的角色。苏泊尔认为生涯应比一个人的工作或职业更广泛，它指一个人终其一生所从事工作与休闲活动的整体生活形态①；麦克丹尼尔斯认为生涯是一个人一生职业、社会人际关系的总称，是一个人一生的发展历程②；韦伯斯特认为生涯的内涵应扩展到生活的各个部分，即生活的各个部分相互联系，一起构成一个人的生涯。

综上对生涯概念的演变发现，生涯所涵盖的内容应拓展到职业和生活的方方面面；所关注的对象从人从事的职业延伸到人在职业中的主观能动性；发展的形态从静态的职业发展到动态的发展历程。

（二）生涯发展

依据生涯内涵的发展变化，生涯发展的内涵也发生变化，一般可分为以下三种类型③。

个体职业选择阶段类型。金斯伯格认为，生涯发展是个人职业选择等一系列相关的发展阶段，年龄、资历和教育等因素的变化均影响个人职业选择的过程。中国台湾学者林幸台在此基础上认为生涯发展的过程可视为个人一系列生计抉择串联而成的历程。生涯发展为一生的历程，虽然各个年龄阶段身心发展状态不同，各具其独特的需要、任务或活动目标，但是自幼年至老年，仍具有前后相连、持续变化、逐渐发展和终而成就个人独特生活方式的特性。

个人组织互动形成类型。舍恩认为生涯发展之本质集中在个人与组织互动中。因此，生涯发展的意义可从“组织管理”及“个人”两方面加以理解。孙国华也认为，生涯发展是个人于其一生所从事的行业中，与其环境交互作用，而随时间产生统整、连贯的成长历程或改变情形。此种改变不但包

---

① 李艳红．东乡族女教师生涯发展研究[D]．兰州：西北师范大学，2007.

② 彭小虎．社会变迁中的小学教师生涯发展[D]．上海：华东师范大学，2005.

③ Fullman M & Hargreaves A.Teacher development and educational change.In Michael Fullan, Andy Hargreaves(Eds.), Teacher development and educational change.London, Washington D C: Falmer press, 1992: 8-9.

括职业工作的性质、职位的晋升,同时也包括心理需求和工作态度的改变。这种界定就已经突破了个人与环境的互动,而开始关注个人自身的心理需求及态度。

自我实现更新类型。苏泊尔认为,生涯发展是一种连续不断、循序渐进、有固定形态并且可以预测的过程,生涯发展亦是一种妥协的过程,自我观念的发展与执行在其中占有重要的角色。这种定义强调个体生涯发展中自身所起到的作用。

这几类也是生涯发展理论的重要依据。据此各种职业生涯发展,各行各业在自己职业或专业的特殊性上有所区别,但是总体而言,还是会依据生涯发展理论的类型而有所改变。教师生涯发展理论就是其中的一个。

(三)教师生涯发展

"特殊性的专业发展"即是"教师专业发展",教师专业发展的内涵研究颇多,有代表性的是哈格维斯和富兰。他们认为教师发展可以从知识与技能的发展、自我理解和生态改变三个方面来理解,既指通过在职教师教育或教师培训而获得的特定方面的发展,也指教师在目标意识、教学技能和与同事合作能力等方面的全面进步。这个定义的教师生涯发展,不仅包含教师自身专业知识和技能等的发展,也涵盖了教师在教学环境中与其他同事关系的发展。教师专业生涯的发展由个体自身扩展到对周围环境的影响。

中国台湾学者林幸台,将这个含义进一步深化,他认为教师生涯发展可以从个人和组织两个方面来研究。在个人层面,教师专业发展的内涵包括教师教学技能的进步、教师职业道德的提升、良好人际关系的发展、和谐师生关系的建立以及教师自我实现的达成。在组织层面,包括院校提供的在职进修机会、协助进行教师职业生涯规划与设计、发展多重生涯路径以及建立教师人力资源管理系统等①。

在探讨教师生涯发展,一般重点关注的是"特殊性的专业发展",而"一般生活发展"只作为影响因素。本文在研究军校教员职业生涯发展时,重点放在教员成长过程中所经历的工作、职位及角色等选择与发展,以便教员能

① 李艳红. 东乡族女教师生涯发展研究[D]. 兰州:西北师范大学,2007.

够有效进行职业生涯规划，不断提升专业技能，从而达到自我实现的目标。

在梳理了生涯、生涯发展和教师生涯发展等相关概念及国内外研究现状后，下面将根据教师生涯的周期理论，结合军人职业特点，论述军校教员职业生涯发展规划。

二、军校教员职业生涯发展规划

党的十八大后，习主席全面审视国情军情，从实现中华民族伟大复兴的中国梦、强军梦出发，锐意推进国防和军队改革，鲜明提出“要以建立军官职业化制度为牵引，构建科学规范的干部制度体系”。多次强调，军队干部政策制度改革，大方向是建立军官职业化制度。军官职业化是现代军事科技、社会化大生产和战争指导科学化发展的必然产物，体现了政党（或国家）管理军官的组织意志、军官职业管理的一般规律以及军官职业发展的个体需求，表现为军队组织整体性开发、军官个体自我开发与军事职业管理目标指向的有机统一。

习主席指出：“要着眼建立中国特色军官职业化制度，抓住军官服役、分类管理、任职资格等关键性问题，科学设置各类人才成长路径，努力在重要领域和关键环节实现突破。”军校教员职业发展规划，即是沿着这一方向作积极探索，科学设置军官职业发展路径，加强任职资格能力培养，不断提升军官履职能力。

军校教员作为一种特殊职业，其职业属性兼有军人和教师两种特点。因此在开展军校教员职业生涯规划时，应结合军人和教师两种身份，在二者各自特点的基础上，找到其共性，实现两个层面协调统一发展。

（一）军人层面

军人这一职业，它不同于别的职业，其个人发展由组织决定，受个人影响。也就是说，军人职业生涯发展的规划，不仅是军人个人的事情，更是组织的事情。俗话说：“铁打的营盘流水的兵”。军人职业，因更新换代需要，流动性很大。其职业规划，既有上层对整个队伍的规划，也有对个人的规划。

传统意义上的职业发展，是沿着组织金字塔式的等级阶梯垂直运动，也即职位、职级等的提升,这是一种组织层面对整个队伍的规划。随着知识军事时代的到来,军队组织结构日趋扁平化,军官个人的这种沿等级阶梯向上移动的空间和机会越来越小,取而代之的将是大量而频繁的以丰富实践体验、开拓认知视野、激发创新意识为目的的平行移动模式。这些发生在军兵种之间、部队与院校之间、机关与基层之间乃至军地之间、国际军事组织之间的军官职业流动模式,虽然在职务级别上没有提高,但在内职业生涯方面上可以得到发展,从而为未来的晋升做好准备。更为重要的是,它使军官个体获得了一种职业成就感和心理满足感,对于那些对地位不很看重但希望工作富有灵活性,并渴望从工作中获得乐趣的新一代知识型军官群体具有更大的吸引力。因此,对军校教员进行职业发展规划,重点可放在这种平行移动模式下的个体发展,通过在职培训,提供交流机会,不断提升教员个体能力素质,激发其职业成绩感和心理满足感。

(二)教师层面

军校教员,其工作性质还兼具教师这一特点,符合教师职业发展规律。因此,对军校教员进行职业生涯发展规划,还应结合教师生涯的周期理论,对于每个不同的阶段,开展相应的规划和培训,以促进军校教员专业发展,达到自我实现。

一般来说,军校教员教师职业生涯会经历适应期、生长期、成熟期、专业全能期等阶段。在职业生涯的每个阶段,个人的学习能力、学术工作和成长动力影响其教学水平,而教师的职业发展是自身的改进需求所引导或驱使的,院校和社会的环境对其成长有强力的影响。为此,在进行教员职业发展规划时,应设计阶梯式的发展路线,对于不同的生涯阶段,设立不同的发展目标,开展不同的培训,以满足教员个人发展需求和组织发展需要。比如,在适应期主要围绕尽快适应军校教员这一角色而开展,发展目标是取得任教资格,可通过集中辅导、个别帮带等方式,帮助新教员尽快形成教学基本能力;在成长期主要围绕强化教学能力而展开,发展目标是教学中取得突出成绩,可通过参加教学竞赛、参加教学评估等方式,以比促训,快速提升教学技能;在成熟期主要围绕教学管理能力和教学研究能力提升展开,发展目标是建立优秀的教学团队,取得标志性成果,可通过集中培训和成果培育等方式展开；在专业全能期主要围绕学科专业发展而努力，发展目标是打造学科专业领军人，通过重大课题研究和团队建设引领，力争培养名师大家。

三、军校教员职业倦怠

军校教员是一种崇高的职业，既有军人的荣光，也有教师的高尚。但是，由于军人职业的高流动性、教员担负责任的重要性、工作的超负荷运转、职称评审的巨大压力等，使得很多人感觉工作劳累，发觉工作热情正在慢慢消退，对教学工作重视程度开始下降，工作效率不断降低，甚至怀疑自己的工作能力……职业倦怠逐步呈现。

教师职业倦怠是教育领域中值得关注的一个研究问题。研究表明，教师职业是一个高压力的职业，社会赋予教师的高度期望、繁重的工作量、学生行为问题、课程与教学改革等都是教师压力的主要来源①②。繁重的工作压力和对学生高情感投入的工作性质，导致教师职业倦怠程度也普遍偏高③。有调查显示，我国教师职业倦怠发生率已高达50%④。已有研究表明，过高的工作压力和职业倦怠会导致教师工作绩效下降、缺勤和离职，对教师的身心健康造成不利影响，并对学生产生直接、消极的影响，甚至波及整个社会⑤。

教师职业倦怠直接影响了教师的工作和教育质量，是教师专业发展的阻力，也是教师职业生涯中的危机。特别是在实战化教学训练背景下，军队院校作为新型军事人才培养的主阵地，教员队伍素质的高低，对培养能打仗打胜仗人才起着关键作用。因此，我们在开展军校教员队伍能力建设的同时，不应该忽视职业倦怠这一影响和阻碍教员职业发展的现实问题。

---

① 周晓晔，秦巍．中学教师职业压力调查分析[J]．辽宁师范大学学报(社会科学版)，2004，27(3)：69-71.

② Kyriacou C.Teacher Stress：Directions for Future research.Educational Review，2001，53(1)：27-35.

③ Maslach C，Jackson S E & Leiter M.Maslach Burnout Inventory Manual. 3rd ed.Palo Alto，CA：Consulting Psychologists Press，1996.

④ 中国人力资源开发网．2004年中国“工作倦怠指数”调查报告．2004.http：//www.chinahrd.net/img/jlr/zt/20041206/Burnout.pdf.

⑤ Farber B A.Crisis in education：Stress and burnout in the American teacher.San Francisco，CA：Jossey-Bass，1991.

(一) 职业倦怠相关理论

美国学者 Faber 曾将一些职业倦怠理论划分为临床角度、社会心理学角度、组织学角度和社会历史角度四种取向①。临床角度侧重于强调职业倦怠的个人因素,着重研究了职业倦怠产生的原因和症状;社会心理学角度侧重于强调职业倦怠的人际关系性质,认为职业倦怠是由工作者和工作对象的社会互动导致的;组织学角度侧重分析了组织环境对职业倦怠发展的重要性,提出工作者的付出和回报不一致、缺乏职业自我效能,以及工作者最初所抱有的职业神秘感和不现实的期望等因素都是导致职业倦怠的原因;社会历史角度侧重于从宏观的视角关注社会、经济、科技和文化的转变对职业倦怠的影响。

20 世纪 90 年代后,又出现了存在主义、社会交换理论、工作需求—资源模型、精神分析理论等新理论。存在主义理论认为,对意义的追寻是人的基本动机力量,如果个体在工作和生活中寻求存在意义的需求未能实现,便会产生职业倦怠②。社会交换理论认为,个体倾向于对自己工作中的付出和回报进行比较,当付出的努力大于所得的回报时,就会出现不公平、缺少互惠的状况,使个体产生职业倦怠③。资源保存理论主要从工作需求和资源的角度来解释职业倦怠现象,认为个体在工作中持有一种获得或保存自身资源的基本动机,如果个体失去特定的工作资源(如相关的条件、时间、能力和精力),工作需求(如角色冲突、角色模糊、压力事件和工作量过重)无法得到充分满足,或无法得到预期的回报时,就会产生压力和职业倦怠④。

---

① Farber B A.Crisis in education:Stress and burnout in the American teacher.San Francisco CA:Jossey-Bass,1991.

② Pines A M.Burnout:An existential perspective.In Schaufeli W B,Maslach C & Marek T(Eds.),Professional burnout:Recent developments in theory and research.Washington DC: Taylor & Francis,1993:33-51.

③ Buunk B P & Schaufeli W B.Burnout:A perspective from socail comparison theory.In Schaufeli W B,Maslach C,Marek T(Eds.),Professional burnout:Recent developments in theory and research.Washington DC:Taylor & Francis,1993:53-69.

④ Hobfoll S E & Freedy J.Conservation of resources:A general stress theory applied to burnout.In Schaufeli W B,Maslach C,Marek T(Eds.),Professional burnout:Recent developments in theory and research.Washington DC:Taylor & Francis,1993:115-129.

(二) 教师职业倦怠的影响因素

从众多的职业倦怠理论可以看出,影响教师职业倦怠的原因很多,主要来说,可从人口统计学变量、个性变量和组织变量三个大的方面进行介绍。

1. 人口统计学变量

众多研究表明,教师职业倦怠或多或少与年龄、性别、教育程度、婚姻状况、工作经验、学生类别等人口统计学变量有关,但关系不十分稳定。比如,年轻教师刚入职时往往会受到现实冲突,感觉工作实际与预想状况差距很大,对很多工作中的问题缺乏解决方法,容易出现职业倦怠。从性别而言,男教师的职业倦怠程度明显高于女教师。从学生类别来说,研究表明中学教师的职业倦怠要高于小学教师。但是,对于婚否,有的研究表明,已婚教师职业倦怠水平要低于未婚教师,而有的研究却认为相关度不高。

总的来说,人口统计学变量与职业倦怠的相关程度较低,研究结果也不十分一致,甚至有相反结论。即人口统计学变量虽与教师职业倦怠有一定的关系,但是不是影响职业倦怠的重要因素。

2. 个性因素

我们往往会发现,在相同或相似的工作环境下,有的教师个体发展的很好,积极向上,而有的教师却出现显著的职业倦怠。可见,个性因素是产生教师职业倦怠的可能原因。与教师职业倦怠有关的个性因素有以下几个方面。

(1) 心理控制源。

外控教师由于将事件和成就归因于他人或机遇,因此其职业倦怠状况要高于内控教师,心理控制源是职业倦怠的有效预测变量①②。

(2) A 型人格。

通常认为,A 型人格的个体由于其争强好胜、具有充满成功的理想和时

① 徐富明,朱丛书,黄文峰. 中小学教师的职业倦怠与工作压力、自尊和控制点的关系研究[J]. 心理学探新,2005,25(1):74-77.

② Capel S A. Stress and burnout in teachers. European Journal of Teacher Education, 1992, 15(3): 197-211.

间紧迫感等特点,更容易产生工作压力和职业倦怠[①]。

(3) 工作期望。

个体对组织、工作以及自身的期望也会影响其职业倦怠的水平,过高的期望或是未满足的预期都会增加职业倦怠的程度[②]。

(4) 应对策略。

通常,积极、适当的应对策略(如正面应对、积极再评估)可以减轻教师的压力和职业倦怠感,而消极的应对策略(如逃避、否认)则会增加工作压力和职业倦怠感的程度[③]。Chan 和 Hui 研究了具体的应对策略类型与职业倦怠的关系,发现逃避的应对策略与教师的情感衰竭、非人性化呈正相关,与个人成就感呈负相关;寻求社会支持与非人性化维度呈负相关,正面应对、积极再评估和问题解决的应对策略与个人成就感维度呈显著的正相关[④]。

(5) 自我概念、自尊和自信。

研究表明,个体的自我概念、自尊和自信都与职业倦怠呈显著的负相关。

自我概念是个体对自己的觉知,它是一个多维度的结构,与职业倦怠有着较为密切的关系。在自我概念与职业倦怠的研究中,Friedman 和 Farber 将自我概念分为职业能力、职业满意度和个人能力三个维度,并强调教师知觉和他人知觉的自我概念差异,他们发现,职业满意度的自我概念维度与教师的职业倦怠关系最为密切[⑤]。

Villa、Calvete、刘晓明、秦红芳认为,教师自我概念可具体区分为个人能力、人际知觉、师生关系、接纳改变、满意度及自我接纳,他们发现,自我概念

---

① Maslach C,Schaufeli W B & Leiter M P.Job burnout.Annual Review Psychology,2001,52:397-422.

② Burke R J & Greenglass E R.A longitudinal study of psychological burnout in teachers.Human Relations,1995,48:187-202.

③ Hastings R P & Brown T.Coping strategies and the impact of challenging behaviors on special educators' burnout.Mental Retardation,2002,40:148-156.

④ Chan D W & Hui E K P.Burnout and coping among Chinese secondary school teachers in Hong Kong.British Journal of Educational Psychology,1995,65:15-25.

⑤ Friedman I A & Farber B A.Professional self-concept as a predictor of teacher burnout.Journal of Educational Research,1992,86:28-35.

的各维度对职业倦怠三个成分有着不同的预测作用①②。

此外,徐富明等人发现自尊对职业倦怠三维度均有显著的预测作用③;Byrne 的研究也显示自尊强的教师其个人成就感较高④;Pierce 和 Molloy 研究发现,自信与教师职业倦怠呈显著的负相关⑤。

(6) 自我效能。

Leiter 认为,职业倦怠是由于自我效能感出现危机所致⑥。实验研究也表明,自我效能感低的教师其职业倦怠程度比较高。近年来,越来越多的研究关注自我效能和职业倦怠的关系,认为自我效能和自我概念一样,也是一个多维的结构⑦。Friedman 将教师自我效能分为教室和学校两个水平,每个水平又包括工作任务自我效能和人际关系自我效能。他发现,自我效能感与职业倦怠呈显著的负相关,人际关系自我效能是预测职业倦怠各维度的重要变量,而任务自我效能则对职业倦怠没有显著的预测作用。因此,他强调人际关系自我效能对职业倦怠有重要影响⑧。

(7) 人生意义。

职业倦怠的存在主义理论认为,职业倦怠是由于个体在生活和工作中寻求存在意义的需要未能实现所致。有关人生意义与职业倦怠关系的量化

---

① Villa A & calvete E.Development of the teacher self_concept evaluation scale and its relation to burnout.Studies in Educational Evaluation,2001,27(3):239-255.

② 刘晓明,秦红芳.中小学教师的自我概念与职业倦怠的关系[J].中国临床心理学杂志,2005,13(2):150-152.

③ 徐富明,朱丛书,黄文峰.中小学教师的职业倦怠与工作压力、自尊和控制点的关系研究[J].心理学探新,2005,25(1):74-77.

④ Byrne B M.The nomological network of teacher burnout:A literature review and empirically validated model.In Vandenberghe R & Huberman A M(Eds.), Understanding and preventing teacher burnout: A sourcebook of international research and practice.Cambridge Univercity Press,1999:15-37.

⑤ Pierce C M B & Molloy G N.Psychological and biographical differences between secondary school teachers experiencing high and low levels of burnout.British Journal of Educational Psychology,1990,60:37-51.

⑥ Leiter M P. Burnout as a crisis in self-efficacy: Conceptual and practical implications. Work and Stress,1992,60:37-51.

⑦ 刘晓明.职业压力、教学效能感与中小学教师职业倦怠的关系[J].心理发展与教育,2004,20(2):56-61.

⑧ Friedman I A.Self-efficacy and burnout in teaching: The importance of interpersonal-relations efficacy.Social Psychology of Education,2003,6(3): 191-215.

研究,也充分支持了这一结论。李歆瑶对中学教师的研究发现,人生意义明确的教师其职业倦怠感低①。

3. 组织因素

职业倦怠是一个与工作有关的概念,工作压力源以及其他组织水平上的变量一直是研究者们探讨的重点,它们构成了产生职业倦怠的可能原因。这些变量主要包括以下几个方面:

(1) 超负荷工作。

主要包括两个方面:一是工作要求多,时间少;另一个方面指工作的复杂和难度大。大量的实证研究表明,超负荷工作会增加教师的压力和职业倦怠程度②。其中,工作量、时间压力与情感衰竭的关系最为密切,工作量和时间压力大的教师其情感衰竭程度较高,还会影响教师的非人性化及个人成就感程度。

(2) 角色冲突和角色模糊。

角色冲突和角色模糊是影响教师工作压力和职业倦怠的重要组成变量。当个体面对两种冲突情境而又被期望作出角色行为时,角色冲突就会出现。当个体由于对其职业的权利、义务和责任缺乏清晰、一致的认识而感到无法胜任工作,或者面对不断增加的复杂工作和较大的组织变革时,角色模糊就会产生③。

实证研究表明,角色冲突与情感衰竭、非人性化呈显著的正相关,与个人成就感呈负相关,其中,角色冲突和情感衰竭的关系最为密切④。角色模糊与情感衰竭、非人性化呈显著的正相关,与个人成就感呈显著的负相关,

---

① 李歆瑶.中学教师付出—回报不成比例—人生意义与职业倦怠的关系[D].香港:香港中文大学,2007.

② Kyriacou C.Teacher Stress: Directions for future research.Educational Review,2001,53(1):27-35.

③ Byrbe B M.The nomological network of teacher burnout: A literature review and empirically validated model.In Vandenberghe R & Huberman A M(Eds.),Understanding and preventing teacher burnout: A sourcebook of international research and practice.Cambridge: Cambridge University Press,1999:15-37.

④ Capel S A.Stress and burnout in teachers.European Journal of teacher Education,1992,15(3):197-211.

其中，角色模糊与个人成就感的关系最为亲密①。尽管角色冲突和角色模糊与职业倦怠都有较高的相关，但相比之下，角色冲突对职业倦怠的解释能力较强。

（3）学生问题行为。

学生作为教师日常工作的对象，其行为表现是影响教师压力和职业倦怠的重要因素。实证研究表明，课堂上学生的问题行为、不遵守纪律和学生态度冷漠是教师主要的压力源②。

研究显示，学生问题行为与教师职业倦怠呈正相关。Hoerr 和 West 将学生问题行为分为两类：一类是一般问题行为，即较常见的、可以被教师预知的、经常出现的行为；另一类是危机问题行为。研究发现，学生一般问题行为与情感衰竭、非人性化存在高相关，而学生的危机问题行为则只与非人性化维度相关③。Friedman 的研究结果表明，不尊重和不用心的学生问题行为会增加教师的职业倦怠感④。

（4）参与决定和自主权。

缺乏自主权或参与决定的机会会使教师的士气、自尊和工作满意度下降，进而加剧职业倦怠的程度。实证研究表明，参与决定和自主权与职业倦怠呈负相关。当教师感到在教学上有更大的自由度和自主权、确信他们能够参与学校决策时，教师的职业倦怠感会有所降低⑤。

（5）学校文化。

Leithwood 等认为，如果学校的目标明确，给予教师的是一个支持的、不

---

① Pierce C M B & Molloy G N.Psychological and biographical differences between secondary school teachers experiencing high and low levels of burnout.British journal of Educational psychology，1990，60：37-51.

② Kyriacou C.Teacher Stress：Directions for future research.Educational review，2001，53（1）：27-35.

③ Byrbe B M.The nomological network of teacher burnout：A literature review and empirically validated model.In Vandenberghe R & Huberman A M（Eds.），Understanding and preventing teacher burnout：A sourcebook of international research and practice.Cambridge：Cambridge University Press，1999：15-37.

④ Friedman I A.Student behavior patterns contributing to teacher burnout.Journal of Educational Research，1995，88：281-289.

⑤ Jackson S E，Schwab R L & Schuler R S.Particapatuon in decision making as a strategy for reducing job-related strain.Journal of Applied Psychology，1993，68：3-19.

断学习的环境,学校文化是合作的、团结的,那么教师的职业倦怠水平较低①。[42]Brissie 等人也发现,在组织僵化的学校里,教师的职业倦怠程度较高②。

(6) 社会支持。

一般认为,有良好社会支持和认同感的教师,其职业倦怠程度相对较低。社会支持可以分为校内支持(上级支持和同事支持)和校外支持(亲朋支持、家庭支持和学生家长支持)。多数实证研究表明,上级支持或同事支持与职业倦怠的关系比较密切,对职业倦怠各成分有负向的预测作用,而校外支持来源于职业倦怠的相关则多不显著。

(7) 付出—回报。

Buunk 和 Schaufeli 的职业倦怠社会交换理论认为,个体在工作中会寻求不同人际关系水平上的互惠和平衡③。多数实证研究也显示,教师缺乏与学生关系水平上的互惠与职业倦怠三维度均呈显著的正相关关系,相比之下,教师与学校、同事关系水平上的缺少互惠和职业倦怠的关系相对较弱,仅与职业倦怠的情感衰竭维度显著相关④。

综上所述,人口统计学变量、教师的个性因素以及组织因素均与职业倦怠相关。一般来讲,组织变量和职业倦怠的相关程度最高,而人口统计学变量与职业倦怠只存在较低的相关。

(三) 军校教员职业倦怠干预

军校教员作为新型军事人才培养的主导力量,其产生职业倦怠会导致

① Leithwood K A, Menzies T, Jantzi D, et al. Teacher burnout: A critical challenge for leaders of restructuring schools. In Vandenberghe R & Huberman A M(Eds.), Understanding and preventing teacher burnout: A sourcebook of international research and practice. Cambridge: Cambridge University Press, 1999:85-114.

② Brissie J S, Hoover-Demsey K V & bassler O C. Individual and situational contributors to teacher burnout. Journal of Educational Research, 1988, 82:106-112.

③ Buunk B P & Schaufeli W B. Burnout: A perspective from social comparison theory. In Schaufeli W B, Maslach C & Marek T(Eds.), Professional burnout: Recent developments in theory and research. Washington D C: Taylor & Francis, 1993:53-69.

④ Taris T W, Van Horn J E, Schaufeli W B, et al. Inequity, burnout and psychological withdrawal among teachers: A dynamic exchange model. Anxiety, Stress, and Coping, 2004, 17:103-122.

一系列不良后果。就个体而言，职业倦怠会对教员的工作满意度、身心健康和个人生活产生消极影响，也是教师专业发展的一大阻力。就组织而言，职业倦怠会导致工作业绩下降。因此，在开展师资队伍建设时，必须关注教员职业倦怠，并进行有效干预。

1. 营造良好的院校氛围

院校作为教员工作的地方，其良好的氛围对教员降低职业倦怠有着重要作用。院校人性化的科学管理、公平公正的工作环境、适当的工作标准以及增加教员的教学自主性和创造性，都会营造良好的工作氛围。同时，院校还应形成团结、合作、不断学习、互助的良好氛围，建立同事间、上下级间友好的关系，及时给予情感方面的支持、相互间的鼓励和关心。

2. 改善工作环境

要合理安排教员的工作任务，降低工作压力，积极提供教员在职教育和学习机会，增加教员的专业自我效能，提高其专业能力，确保教员不断成长进步，能有效面对工作中的各种挑战。要给予教员适当的休整时间和机会，充分利用寒暑假和疗养等机会，让其放松，缓解压力。

3. 提高福利待遇

要提高军校教员物质待遇和地位。在当前军队改革的情况下，应建立工作绩效与奖励工资制度，对于在教学、科研中表现突出的教员，给予一定的物质奖励，严防“一碗水端平”“一锅端”等现象，切实调动教员的工作积极性。要全面提高军校教员在院校和社会上的地位，使军人和教师这两个光辉职业在军校教员身上集中体现。

4. 提高应对能力

要建立军校教员减压工作坊。可由专业人士，教授压力接种训练、放松训练、果断训练、人际和社交技能训练、理性情绪训练等，让教员接受应对压力的训练，使其掌握有效的应对方法，提高应对能力。

5. 加强自我调节

教员可以通过提高自身能力、减少工作量、放慢工作节奏、适当修养等方式，有效预防工作压力和职业倦怠。要适当地修正自己的认知观念，重构工作知觉，降低自身期望值，形成正确的人生观和价值观，保持积极、乐观的心态，增强个人的事业感和责任感。要充分利用社会资源，积极获取同事、领导和亲朋好友的帮助和专业指导。要形成良好的饮食习惯和生活作风,坚持适度的体育锻炼,也能降低工作压力。

第二节　军校教员阶梯式职业生涯发展

教师专业化发展,与教师职业生涯规划息息相关。因此,对军队院校教师进行培训,也要依据教师职业发展而定。培训要贯穿教师职业发展的各个时期,不同时期,侧重点不同。一般认为,教师职业生涯大致分为适应期、成长期、成熟期和专业全能期。对此,可以对军队院校教师培训实行分级全程培训,每个阶段培训的目标、培训的内容、培训的方式不尽相同。

一、新教员培训,夯实教学基本功

新教师是指军队院校刚进入教学岗位的教师,一般来说是进入教学岗位的1—2年,也称入职期,对应职业生涯的适应期。这些教师,身份从学习者变为教育者,如何快速进行角色转变,重新认识现实中教育工作的性质,形成比较全面的教育观念,掌握基本的教学技能与教学方法,是适应期军校教师的培训重点。针对新教师的培训,主要采用岗前培训的方式进行。岗前培训,是指新进入教学岗位的教师,通过有组织的学习和研究,提升新任教师岗位认知水平,提高其职业道德水平和教学业务能力,并进行相关考核验收,取得执教资格,确保新任教师能够更好地履行教师岗位职责。

(一)培训内容

岗前培训一般包含理论培训、教学观摩和实践训练等内容。当前军队院校新教师构成主要来源于工程技术院校,教师大多是直接从院校毕业,从师范相关专业毕业的人数比例很低,多数新教师在教育教学相关理论和教学实践等方面存在严重不足。通过组织岗前培训,新任教师能快速了解教育教学的相关理论,掌握一定的教学方法和技巧。

理论培训内容主要包括高等教育理论、高等教育心理和教学方法艺术等模块。其中,高等教育理论模块主要对从事军队院校教育教学工作应该了解和掌握的基本知识、基本思想、基本规律、主要工作和管理制度等进行培训,以提升新任教师的教育理论素养。高等教育心理模块主要使新任教师了解影响教育教学效果的心理因素,掌握学习和教学的心理知识、心理规律及个体差异性心理,使教育工作建立在心理科学的基础上,提高教育教学的科学性和有效性。教学方法艺术模块主要是在前期教育理论和教育心理学习的基础上,开展军队院校教师教学方法艺术训练,提高新任教师教学工作实际操作能力。

教学观摩内容主要包括两个方面:一是上示范课或观看优秀教师教学录像,学习优秀教师在教学设计、教学方法手段运用、深层次教学互动、教学管理等方面的优点;二是选择个人将要讲授课程的优秀教师,进行全程跟课,学习老教师优点的同时,对本课程的重难点内容和处理方法进行熟悉和掌握,快速提升个人教学能力。

实践训练内容主要包括教学基本功训练、教学管理能力训练和装备素养训练等。教学基本功训练内容为教师的教学语言、仪容仪态、教案编写、教学设计、教学方法技巧等,受训教师应编写拟任课程的全部教案。教学管理能力训练内容为了解院校培训任务情况,熟悉教学规章制度,锻炼沟通协调、课堂管理、指导学员等能力。装备素养训练主要熟悉院校相关装备的基础知识和理论以及作战运用等。

(二)培训方式

理论培训一般可由院校所在的总部机关或地区协作中心统一组织,采取集中培训的方式进行,主要邀请相关领域的专家教授,进行集中授课和研讨交流,使参训教师迅速掌握教育教学的相关理论、经验技巧。

教学观摩一般由新任教师自行实施,可结合教学实际安排自行选取院校优秀教师的典型课程(段、型)进行课堂观摩,或观看优秀教师的示范教学录像,记录优秀教师的优点,并进行自我总结和反思。

实践训练一般在系(部)的指导下开展,由新教师所在的教研室具体组织实施。各教研室对受训教师制订针对性的培训计划,并为受训教师指定一名教学经验丰富、教学效果好的指导教师。实践训练要充分发挥指导教师的作用,指导新教师撰写课程全部教案,制作相应的课件,并对新教师讲授内容进行逐讲把关,对教学语言、教学内容、教学设计、教学方法手段等各方面全面评估，提出改正意见建议。

(三) 培训考核

培训实行阶段考核和验收考核相结合的方式进行。

阶段考核指对理论培训、教学观摩和实践训练等岗前培训每一个环节进行考核。理论培训考核可由培训组织机构进行，采用笔试和面试的方式进行，笔试主要考查教员教学的基本理论掌握情况；面试可以设置一些教学场景，考查新教师运用理论解决实际问题的能力。教学观摩考核由参训新教师自行组织，对每次观摩撰写心得，总结观摩教师的优点，分析自身的不足，思考针对性的改进办法。实践训练考核由系(部)组织，由专家组随机抽选新教师的讲课内容，由新教师进行讲授，专家组评估教学效果。

岗前培训完成后，由院校训练部门对培训效果进行验收考核。考核一般采用现场讲课的方式进行。院校成立考核专家组，随机抽选新教师准备的教学内容，根据相应的考核标准，对讲授情况进行评估。考核以教师教学基本功为主要关注点，包括教学内容、教学设计、教学互动、教学方法手段、板书设计、教学语言、教姿教态等。验收通过者，颁发教师资格证书，取得执教资格。

二、教学骨干培养，塑造青年教学英才

新教师通过岗前培训验收后，取得了执教资格，也度过了职业生涯的适应期，此后进入了成长期。一般认为，进入岗位的3—6年为职业生涯的成长期。在这一阶段，军队院校教师大多为一个单位的青年教学骨干，在教学中发挥着重要作用。因此，这一阶段的教师要不断增加专业知识、提升专业技能，以便尽快地从一个“新手教师”成长为一个“熟练教师”，甚至“优秀教师”。

(一) 培训内容

青年教学骨干培养要充分考虑青年教师的特性，采用针对性的培养措施，其培养可以分为两个阶段，每个阶段1—2年。第一阶段以提升教学能力为主，第二阶段以提升教学研究能力为主。军校教师的教学能力，既有同

于地方高校教师的基本教学能力，也有异于地方高校教师的指挥管理教学能力。基本教学能力培训可以围绕青年教师开展教学活动的教学设计、教学实施、教学评价能力等方面展开。指挥管理教学能力培训主要针对青年教师运用武器装备组织教学训练的能力进行培养。教学研究能力培训集中在青年教师研究发展教学的反思教学、研究教学、创新教学能力等方面。

（二）培训方式

青年教学骨干培养，可通过个人自学与专家指导相结合、理论学习与教学实践相结合、目标培养与阶段考核相结合等方式，使培养对象具有较高的教学理论水平和较强的教学研究能力，能够灵活运用现代化教学手段，高质量完成教学任务。年轻教师自学教育教学的相关理论，观摩优秀教师的课堂教学，将心得体会应用到个人的教学中，并不断总结和反思个人教学中的成败得失。同时，可由带教导师指导年轻教师优化教学设计和教学方法手段运用，并开展相关教学课题研究，为青年教学骨干提供针对性指导。

（三）培训考核

培训考核内容可包括授课质量情况、培养阶段任务指标完成情况、课堂教学演示及答辩、课程教学改革等方面，综合评定成绩。不同的培养阶段，考核侧重点不同。院校可成立专家组，对骨干的培养情况进行考核。

第一阶段主要考核教学能力，专家组可考核青年骨干的教学准备、教学设计、课堂教学效果、教学反馈等方面，采用课前与教师座谈，了解教案、课件准备情况和课程的教学设计；课堂听课，了解教师的教学基本功和课堂教学效果；课下与学员座谈，了解学员学习效果。同时，结合各类教学竞赛，安排青年教学骨干参加，全程提供个性化指导，通过竞赛全面考核青年骨干教学能力。通过考核者进入第二阶段培养，否则取消培养资格。

第二阶段主要考核教学研究能力，主要关注培养期内青年骨干开展教学研究的相关情况。通过在个人讲授的一门课程中开展教学改革创新的情况，总体衡量教学研究和实施的效果。结合培养期发表的教学研究论文、参与的教学研究课题、以及取得的相关成果奖励，综合考核教学研究能力。通过考核者进入青年教学骨干库，享受相关待遇。

三、教学名师培育，打造教学领军人

教师经过15—20年的教学实践，其职业生涯进入了成熟期，部分迈入专业全能期。此时优秀的教师，已经成为学科专业领域有较大影响的学术技术带头人，其工作重心已经不是单纯的教学，而是如何提升学科专业实力，提高院校的影响力。因此，遴选一批在全国、全军同类学科专业领域有较大影响的学术技术带头人和优秀中青年骨干实施重点培养，逐步形成一支军内外同行公认、广受部队欢迎、具有较大名气的名师名家队伍，对于提升院校整体实力和办学水平至关重要。

（一）培养内容

实行“菜单式”培养，院校机关各部门和所在单位结合培养对象专业特长和学科建设规划，按照“固强补弱”的原则，从确定为培养对象当年起，组织院校内知名专家教授联合把关，逐人逐项逐年制定表格式培养路线图，重点培养学科专业建设能力、高水平科研学术能力等。在征求本人意见基础上，根据培养对象实际情况，明确年度培养任务、预期目标和机关各业务部门的帮扶措施。

（二）培养方式

实行项目成果人才一体化培养，积极协助名师申报国家级重大科研项目，安排培养对象主持军队级重大项目攻关，支持不同学科领域的培养对象联合申报项目，实现课题攻关、成果奖励和人才培养有机融合；建立带教导师库，聘请军内外知名专家担任培养对象的带教导师，负责传授知识经验、指导重大教学科研课题技术攻关以及培养过硬思想作风；按照责权利相统一的原则，健全完善相关政策制度，使培养对象在科研立项、课题分工、收益分配等方面具有较大自主权；设立“首席专家（教授）”岗位，从名师培育对象中遴选3—5名作为学科、课程或项目的技术总负责人，通过承担重大任务，促进发展提高。

视情安排列席院校教学科研规划、学科专业建设等会议；优先推荐到国家和军队高水平学术团体担任理事以上职务；优先保证到国内外名牌院所访学进修、合作研究或开展学术交流；优先推荐公派出国留学考察或列入“强军计划”攻读学位；优先选聘担任博士生导师，在生源允许的情况下，每年至少安排1名研究生；优先推荐国家、军队或军种各类人才奖的遴选；优先推荐参加军队在名牌院校组织的新兴学科群高级研修班；协调培育对象全程参与部队重大演训活动，深入了解装备战标需求，实施伴随技术跟学和实践技能提高。

（三）培养考核

名师名家培养对象培养满两年时进行中期考核，对照培养路线图，重点考察培养进度、培养效果等情况，考核结果分为“达标”和“不达标”两个档次，考核不达标的终止培养。培养满5年时进行期满考核，考核结果分为“优秀”“良好”“一般”，考核结果“优秀”的直接参加院校名师名家遴选，结果为“良好”的可视情进入下一个培养周期，结果为“一般”的不再继续培养。

第三节　任务驱动的教学综合能力专题培训

军校教师全程分级培训，教师职业生涯不断发展，实现了师资队伍阶梯式成长。但军校教师身份的多重性，决定其履行使命任务的多样性，也就需要能力的复合性。因此，军校教师在全程分级培训的基础上，还应该开展专题专项培训，以提高其综合能力。

一、教学管理能力培训

帕特里克·惠特克（Patrick Whitaker）认为，管理能力是“我们和其他人一起工作，或是在团队中工作所需要的”。同时，他把管理能力分为创造能力、策划能力、组织能力、沟通能力、激励能力和评鉴能力等六类。如果用帕特里克·惠特克的理论来分析院校教学管理实践，就会发现院校管理人员所应具备的管理能力主要有以下几个方面：①周密而独特的思维能力，即创造能力；②判断和分析能力，即策划能力；③实现目标的具体操作能力，即组织能力；④人际交往能力，即沟通能力；⑤调动属下积极性的能力，即激励能力；⑥对教学活动的评价、判断和调控能力，即评鉴能力①。

经过一段时间的教学实践后，教师队伍将开始分类化发展，部分教师将走上领导岗位，成为院校、系、室领导，部分教师将成为学科专业领域的学术带头人。这部分教师，不但承担了教学任务，还肩负着领导所属人员开展学科专业、条件建设等任务。因此，教师专业化发展中，也不能忽视教师教学管理能力的培养。

围绕领导岗位任职需求，突出抓好教育教学改革形势、教学科研工作和领导管理能力培训，使教学领导熟悉岗位职责，开拓视野，提升谋划能力，掌握领导管理方法和技能，提升领导管理水平，有力促进院校建设全面发展。

（一）培训内容

培训内容可围绕教育改革形势、教学科研工作、领导管理能力培养三个专题展开。

教育改革形势。围绕国家、军队和军种近年来关于院校建设和人才培养工作的政策法规、教育教学改革指示精神，邀请相关专家和军委机关进行政策法规解读辅导，使受训人员全面掌握国家和军队教育改革总体形势和发展方向，提升宏观谋划能力。

教学科研工作。邀请军地权威专家针对学科、专业、课程、实验室建设和科研学术成果培育做辅导报告，遴选军内外部分国家重点学科、特色优势专业及国家精品课程、国家和国防重点实验室负责人从加强建设、提高质量、服务部队等方面介绍经验，开展研讨交流，使受训人员掌握各项教学建设标准与要求，熟悉工作方式方法，学习先进经验，提高业务工作能力。

领导管理能力。紧贴各级领导岗位职责，着眼增强领导管理能力，促进单位全面发展，围绕增强领导方法管理艺术和有效发挥支部书记作用等方面，邀请经验丰富的专家、领导做辅导报告，组织开展研讨交流，使受训人员掌握领导管理的方式方法，提高领导单位全面建设工作的实际能力。

---

① 武启云.高等院校院（系）教学管理能力分析与评估[J].青海师范大学民族师范学院学报，2006，5：44-46.

（二）培训方式

以辅导讲座为主，辅以研讨交流、参观教学和课下自学等方式。在传授领导管理方法的同时，充分搭建交流平台，充分运用案例式、研讨式教学，分享教学管理中的成功经验，研讨管理中存在的问题，不断提高各级领导教学管理能力。

（三）培训考核

领导管理能力培训的考核，可采用以下形式：一是研讨交流，设置领导管理中较难解决的问题，组织受训人员研讨交流，并根据发言提出的思路办法，考核管理理论的实践应用，以此来评价理论知识的掌握情况。二是案例考核，选取日常管理中较为常见的问题，让受训人员提出解决措施，考核受训人员的领导素质。三是专题作业，比如围绕学科、专业、课程、实验室建设等问题，让受训人员撰写建设方案，考查宏观谋划能力。

二、优质课程建设培训

课程是以目标为导向，以内容为核心，以实施为关键，以评价为动力，实现教与学互动，继承人类文化遗产与开拓创新并重的人才培养载体①。优质课程建设是院校教学建设的一项重要内容，主要是按照优质课程建设标准，通过教学队伍建设、改革教学内容、完善教学条件、科学进行教学实施，全面提升课程教学效果。开展优质课程建设培训，参训教师通过深入开展教材建设、实践条件建设，讨论研究教学方法、改革教学模式，不仅优化了课程教学，而且教师本身通过课程教学理论学习、教学方法应用实践、集体备课反思等提升了教师个体的专业化水平，更重要的是课程教学团队成员之间的教学交流、探讨及帮带，使教学团队的整体教学素质得到加强。

（一）培训内容

优质课程建设的内容涉及到方方面面，组织优质课程培训，不可能做到

---

① 曲炜，等.军队院校优质课程建设研究[M].北京：国防工业出版社，2012.

面面俱到。为提高培训效果,可围绕以下三方面进行:一是教学建设能力培训,主要培训教学队伍建设能力和教学条件建设能力,使受训人员了解优质课程的建设目标,能科学制定建设方案,并掌握建设的重点和方法。二是教学技能培训,主要开展教学理念、教学方法技能等方面的培训,使受训人员掌握先进的教学理念和教学方法手段,并在教学实践中灵活运用。三是团队协作精神培育,一流的课程,需要一流的教学团队,而一个好的团队,往往具有优秀的协作精神。加强团队协作精神培育,营造互帮互助的良好氛围,对于教师专业化素质提升有着重要作用。

(二) 培训方式

围绕优质课程建设的培训内容,可采用不同的方式组织培训。一是开展课程建设经验交流和推广,选取院校国家精品课程和军队优质课程负责人,开展课程建设讲座,传授课程建设先进经验,让受训教员学习好的经验做法,以快速掌握课程建设的方法。二是定期组织教学示范课和教学竞赛比武,通过优秀教师的公开示范课,在受训对象中树立教学标杆和赶超对象;组织受训教师参与教学竞赛,并组织专家进行针对性指导,以比促训,快速提升受训教师的教学技能。三是组织优质课程评选,通过优质课程评选,受训对象作为课程建设参与人,可以了解到课程建设取得的成绩和存在的不足,为下一步提升课程建设水平打下基础。

(三) 培训考核

针对不同的培训内容,考核采用不同的方式。一是组织听查课,遴选教学督导专家深入受训教师课堂听查课,考查教学能力和教学水平。二是组织专项验收,针对教学队伍建设、实验室建设、网络课程建设、教材建设等,开展专项验收,评估建设水平,检查建设中存在的问题。三是开展课程评估和优质课程评选,根据军队优质课程建设标准,评估受训教师课程建设水平,总结课程建设的经验和不足,评选部分优质课程,达到引领示范作用。

三、教学研究专项培训

教学研究是教师运用科学的理论和方法,对教学过程存在的问题进行分析、总结和研究，提出解决办法和措施，进一步揭示其内在教学规律，为提高教育教学质量提供理论依据和实践指导的活动①，也是提高教学学术水平、发展教学能力的基础。因此，教学研究既是高校教师专业化成长的重要途径，也是实施教师专业培训的重要手段。

通过教学研究专项培训，使参与教学研究的教师了解开展教学研究的基本步骤，掌握教学研究的基本方法，同时促进教师对教学理论的学习，强化个人教学实践的反思总结和教学研究成果的教学应用。

（一）培训内容

教学研究专项培训的内容可以包括以下三个方面：

教学改革研究培训。教学研究参与者，针对所从事的学科专业发展存在的突出问题，以全面推进素质教育、培养学员创新精神为根本目的，通过对先进教育教学理论的学习，探索本学科领域的教育教学特点规律，开展课程体系改革研究、教学内容更新研究、教育教学方法创新研究，并通过系统深入的研究实践，强化教师对先进教育教学理念的学习和运用，以提高教师的教学创新能力。

教学建设研究培训。教学研究参与者，针对所从事的学科专业建设需求，以提升学科专业建设水平为目标，开展教材建设、团队建设、教学设施建设和教学手段建设的特点规律研究，并以研究成果为指导，积极开展文字教材编写、网络教材制作、专修室实验室建设等教学建设实践活动，教学研究参与者在研究实践中得到培训，以提高教师的教学建设能力。

教学管理研究培训。教学研究参与者，通过开展对教师队伍建设与管理、教学工作评估、教学管理现代化等教学管理理论与实践研究，提升教师自身对教学活动的评价、判断和调控能力，通过建立“教、学、管”相统一的先进教学管理模式，优化人才培养模式，提高教学管理效果，提升人才培养质量。

（二）培训方式

教学研究专项培训，主要是教学研究参与者围绕具体的教学研究课题

---

① 郑银华，姚利民.教学研究：教师成长必经之途[J].大学教育科学，2007(4).

自我进行的。为了提高教学研究专项培训效果，许多院校对申请教学研究的负责人和团队组成提出了要求。我们认为，可以结合院校教学研究课题研究全过程管理，采取以下方式进行培训。

课题立项前，组织专家围绕教学研究的方法、思路和步骤等，开展讲座，使受训教师了解教学研究的基本知识。同时，遴选院校名师担任受训教师的带教导师或课题组长，在课题研究的各个环节进行全程跟踪指导。

课题立项阶段，课题组长或带教导师要结合研究团队中教师的专业背景和个人特长，指导其如何结合最新的教育教学改革精神和个人教学实践的思考，选择合适的课题研究方向，定好课题研究主要内容以及预期的研究成果，并撰写立项申请报告。

课题实施阶段，课题组长或带教导师要帮助研究团队的各位教师制定详细的研究进程，细化研究内容，及时归纳研究成果和发现的问题，指导其撰写阶段性研究成果。

课题鉴定阶段，课题组长或带教导师要帮助受训教师协调分析课题研究的主要内容和取得的主要成果，撰写课题研究报告。

（三）考核方式

教学研究专项培训的考核，随课题研究一并进行，大致分三个阶段进行考核。第一个阶段为立项阶段，通过审阅立项申请书，重点考查立项的必要性、研究内容，考查参与教学研究的教师对相关领域的了解情况以及课题的前瞻性。第二个阶段为中期检查，通过听取研究情况汇报，掌握研究的进度和可能取得的成果，评估参与教学研究的教师研究的专注度和完成度，确保研究的顺利进行。第三个阶段为结题鉴定，通过审阅课题研究报告和相关佐证材料，掌握课题研究的成果，评估培训的整体效果。

四、教学团队建设培训

教学团队是指为完成共同的教学目标、建设目标，由教学任务相近的教师组成，由教学水平高、学术造诣深的教授领衔负责，有合理的知识结构与年龄结构，有促进分析与沟通的有效机制，有合理配置教学资源的途径，经常性的开展教学经验交流、学术合作，实现优势互补、共同发展、积极向上的教师群体。当前,军队院校课程更新速度快,围绕主战装备作战运用和维修保障开展教学团队建设,是加快主要教学能力生成的重要途径。

通过开展教学团队建设,充分发挥专家教授的传帮带作用,能加速提升年轻教员的成长,同时通过优化资源配置,加强教学经验交流,广泛开展学术合作,能建立积极向上的心态,营造良好的工作氛围,对军队院校教员专业化发展也有着重要作用。

(一) 培训内容

教学团队教员一般由“名师+骨干+后备”组成,因此在设置培训内容时,应考虑三个层次教员的需求,针对不同的层次,设置不同的培训内容。名师,一般为团队领军人,在培训时,可以按照前面所述的教学名师培训的方式进行,主要提升其学科专业建设能力和高水平教学科研课题研究能力。骨干,一般为中青年拔尖人才,其培养也可以结合青年教学骨干的培养模式,适当进行拔高,融入教学管理能力培训和导师培训等。后备,一般为新教员,其主要任务是强化教学基本功,加深对本专业知识的理解,可在开展教学教学基本功、信息化教学能力的基础上,通过传帮带等方式,开展专业知识学习。

(二) 培训方式

培训可采用任务牵引的方式进行。以三年为一个建设周期,设置相应的建设任务,针对不同的任务,开展相应的培训。比如教学能力方面,可以集中辅导、专题研讨、个人传帮带等方式进行,提升团队每个教员的教学能力。当然,对不同层次的教员,应设置不同的能力要求和培训内容,实施不同的培训方式。教学研究方面,以课题研究为牵引,从立项申请、课题培训培训、成果总结、结题鉴定、成果申报等各个环节,开展专题辅导。教学改革方面,以专题讲座形势开展教育教学改革精神宣讲,以教学沙龙等方式开展交流研讨,以示范观摩等形式开展成果交流,不断形成改革共识,凝聚改革动力。

第六章

瞄准实战需求的军队院校双员型教员指挥员能力建设

教师指挥能力，是指军队院校教师以指挥员的角色，利用所拥有的知识和技能，运用现有的武器装备，通过命令、指示等形式传递信息，指挥军校学生完成特定任务所具备的个人本领。当前，全军实战化教学训练氛围日益浓厚，随着军队院校调整改革，人才培养目标发生重大变化，任职能力培养成为院校人才培养的重要任务，这对教员队伍建设提出新的要求。瞄准实战化需求，加强教员队伍指挥能力建设，已成为军队院校教员队伍能力建设的紧迫任务。

第一节　实战化教学训练对教员队伍的新需求

目前新军事革命持续演进、军事斗争准备向纵深推进、军队使命任务不断拓展、武器装备快速发展、实战化军事训练加速深化，新型军事人才的需求不断加强。院校作为人才培养的主阵地，其教员队伍能力素质的高低，决定着人才培养的质量。随着院校实战化教学训练的深入开展，培养一支为战教战、晓战研战的教员队伍成为当务之急。

一、部队实战化训练的新要求

实战化训练，即“在近似实战的环境和条件下进行的训练”。实战化训练是对军事训练的总体要求，是实现能打仗、打胜仗目标要求的基本途径，其根本目的是提高部队的实战能力水平，核心要求是缩小训战差距，主要方式是运用对抗手段进行的检验性训练。开展实战化训练，是落实习主席重要战略思想的重要举措，是适应军事斗争准备形势任务发展变化的必然要求，是有效破解战斗力建设现实难题的实践抓手。

在2016年6月召开的全军实战化军事训练座谈会上，军委首长强调，实战化训练并不是一个孤立的环节，作战理论是先导，对手、战场、装备、战法的实战化研究是基础，院校的实战化教学是支撑，部队的实战化训练实践是关键，未来战场的运用检验是归宿。从军事训练的概念来讲，其包括部队训练、军事院校教育、预备役训练等。因此，突出强调实战化训练，是对部队训练和院校教育的共性要求，是深化军队院校教育教学改革的根本遵循，是提高办学育人质量效益的核心保证，是军事教育真正意义上的价值回归。院校教学，就必须贯彻“姓军为战、为战教战、教战一体”的理念，始终坚持战斗力标准，加大教员队伍实战化教学能力建设，提高教员指挥能力素养，以满足部队日益深化的实战化训练新要求。

二、院校指技融合人才培养模式的新需求

培养大批胜任岗位、能打胜仗的高素质新型军事人才，是实现强军目标的战略性要求，是军队院校存续和发展的根本价值所在，既是主责也是主业。《中国人民解放军院校教育条例》规定，院校教育的基本任务是培养高素质军事人才，发展军事科学技术，为军队建设服务。军队院校作为具有高度应用性的实践型教育，必须充分发挥培养军事人才主渠道主阵地的作用，切实把培养大批能打胜仗的高素质新型军事人才作为第一要务。

习主席在中央军委党的建设会议上强调，强军之道，要在得人。要把培养干部、培养人才摆在更加突出的位置，着力锻造忠诚干净担当的高素质干部队伍，着力集聚矢志强军打赢的各方面优秀人才。军队院校作为新型军事人才培养的主阵地，肩负着培养优秀人才的使命责任。习主席在视察国防科技大学时指出：“一些新毕业学员到部队出现‘水土不服’问题，组训、训练、管理等能力比较弱，难以胜任本职岗位。”针对这个问题，本轮军队院校调整改革，将“合训分流”和“直通车”培养模式统一改为四年指技融合培养，贯彻学历教育和任职教育融合的新模式。

由此，原来的学历教育院校、任职培训院校两类院校培训方式也都发生

变化,变成了“2+2”或者“3+1”培养,在本科学历教育阶段融入任职培养,以解决学员“水土不服”问题。相应,对院校教员的能力素质也提出了新要求,教员在具备教师能力素质的同时,还要具备指挥员素质,熟悉部队编成和日常训练,熟练掌握本专业武器装备的基本操作、维护保养、作战运用,了解最新的训法、战法。

三、教员队伍发展的新趋势

教员队伍建设始终是军队院校存续发展的关键因素,院校办学职能定位的转变必须最终落实为教员队伍的重塑,其根本就在于教员教学能力的拓展和延伸。开展实战化教学训练,军队院校教员理应率先垂范,牢固树立“姓军为战”理念,坚持“为战教战”,把打赢作为教书育人的鲜明指向。

调查发现,当前军队院校教员队伍建设日益正规,教员教学能力不断提升,能满足基本的教学训练要求。但随着实战化教学训练的深入开展,我们应该清醒认识到,目前我军院校教员的整体能力素质,仍与培养能打仗打胜仗的高素质新型军事人才的现实需求不相匹配,与开展实战化教学训练的客观要求不相适应,很大程度上影响和制约了实战化教学训练的质量,主要表现在以下几个方面。

一是思想观念落后。当前,军队院校人才培养目标定位发生变化,学历教育由原来的“合训分流”“直通车”模式改为“学历任职融合式培养”。这就要求院校在设计教学大纲和教学实施计划时,充分考虑人才培养需求。同时,也对教员课程教学提出新要求。但是,仍有部分教员学历教育的思想根深蒂固,认为不能丢了老本行。学员任职第一岗位目前90%以上都是指挥岗位,其领导能力和指挥素养尤为重要。帮助学员掌握第一岗位任职能力,踢开任职头三脚,是学历教育的重要任务。因此,教员要充分认清当前人才培养目标定位,转变过去那种只重本科学历教育的观念。另外,当前教学中学员主体地位仍未凸显出来,部分教员仍是“一言堂”“满堂灌”,学员丧失学习兴趣,教学效率不高。

二是能力素质欠缺。当前,实战化教学过程中存在着教学标准不明细、演训作风不扎实、战术演练程序化等问题。究其原因,教员实战化教学能力素质欠缺是根本原因。由于院校教员来源相对单一,大部分都是从学校到学校,即便部分来自部队,但缺乏经常性的任代职交流,造成院校教员对部队认知不够,对武器装备操作使用和维护保养不熟悉,对最新的战法训法不清楚,导致当前军队院校缺乏晓于实战、能研善教的教学名家和业务能手。比如,多数新教员缺乏基本的教育理论和教学经验,教学基本功不够扎实;部队选调教官对部队和武器装备很熟悉,但教学技能缺乏,将部队训练一套完全移植到院校教学中,容易水土不服;文职教员缺乏系统的军事训练,军人意识不强,奉献精神不够;长期从事院校教学的老教员,任职培训力度不够,思维容易僵化,创新精神不足;等等。这些都导致教员在面对实战化教学训练时,心有余而力不足,不能有效完成教学任务。

三是任职经历单一。当前,院校教员存在着来源、经历和成长路径单一等问题。很多教员都是从校门到教门,从学员到教员,缺乏部队任代职经历,对部队建设和管理的特点规律不了解,对武器装备和部队训练实际掌握不够,对部队岗位任职能力需求不熟悉。即便有过任代职经历,大多流于形式,没有沉下心来深入基层,难以参与部队决策工作;目前教官队伍选拔渠道不够畅通,优秀指战员来院校担任教官的积极性不高。调查发现,教员对部队现状不熟悉、情况掌握不深入,会导致教学内容空洞、不接地气,甚至出现“讲外行话”等现象,很大程度影响了教学质量。

因此,顺应教员队伍建设的新需求,加强院校教员队伍指挥员能力建设,是当前院校师资队伍建设迫切需要解决的问题,也是进一步提升院校人才培养质量和办学水平的关键举措。

第二节 指挥员能力培养校本模式

教员能力素质培养可多种方式相结合。在培训类型上,既有岗前培训,也有在职培训;在培训方式上,可以校本培训和校级培训相结合。对于全员性的培训,宜采用校本培训模式,以提高培训效益。

一、指挥技能培训

贯彻习主席强军目标重大战略思想,落实培养能打仗打胜仗新型军事人才要求,军队院校开展了实战化教学训练。军校教师作为教学活动的组织者,其指挥能力的高低,影响着学生培养的质量。因此,必须加强军校教师指挥能力培训,不断提高“教员+指挥员”的双员型能力素质,满足军队院校“指挥员+工程师”新型军事人才培养需求。

(一)培训内容

按照“突出急需、以点带面、循序渐进、滚动提高”的原则,突出装备知识的系统性、专业操作的规范性和训练实践的实战性要求,组织开展军校教师作战基础知识、武器系统操作运用和指挥技能等培训,切实增强教师实战意识和指挥专业素养,逐步提高作战和保障指挥能力,满足院校人才培养需求。作战基础知识,包括作战体系和程序、作战指挥、阵地管理等。武器系统操作运用能力,包括武器系统的基本操作、阵地开设、阵地指挥等。作战(保障)指挥能力,包括一体化信息系统、定位导航系统、电台组网等使用,识图、用图和电子标图,保障力量编组、配置,保障指挥程序和勤务等。

(二)培训方式

培训可采用集中理论授课和分散实践锻炼相结合的方式。对于通用的作战基础知识、作战指挥技能等,宜采用集中理论授课的方式,邀请指挥院校专家和一线作战部队指挥员,围绕专题进行授课讲解,研讨交流。对于武器系统操作运用和作战指挥流程等,可让教师赴军队指挥院校、一线作战部队,参加实操训练和演习演练等,针对具体武器装备了解操作使用,结合指挥岗位掌握指挥流程。

(三)培训考核

采用笔试、实操和实训相结合的考核方式。作战基础知识考核采用笔试的方式进行,重点考查基本理论的掌握情况。武器系统操作考核采用实操的方式进行,重点考查参训教员对武器装备操作的熟练度和规范性。指挥流程考核采用实训的方式进行,重点考查参训教员指挥学员进行武器装备保障流程的正确性和规范性。

二、新装备教学能力培训

新装备教学能力,是指教学训练机构或人员,在先进教学理念指导下,根据人才培养方案或教学实施计划,综合运用各种教学方法和手段,系统组织新装备教学,使受教育者的新装备知识能力素质得到全面提高,从而达到培养目标要求的能力水平。新装备教学能力的构成要素很多,主要包括教学理念、教学队伍、教学内容、教学方法、组训方式、教学条件等。

军校教员是军队院校组织实施教学活动的核心,新装备技术先进复杂,教学任务时间要求紧,对教学队伍的能力素质提出了更高的要求。加强军校教师新装备能力培训,提升新装备教学能力素养,是院校适应教学任务需求的有效保证。

(一)培训内容

围绕新装备的运用与保障,开展相关内容培训。一是新装备的原理与构造,了解新装备的主要部件组成以及相关功能,主要部件内部构造特点、工作原理和部件之间的连接关系。二是新装备的兵操和作战运用,包括新装备的操作使用、指挥流程以及跟其他武器装备的互联互通、作战运用。三是新装备的维修保障,包括新装备主要故障产生的原因、故障分析以及维修方式等。

(二)培训方式

培训方式可采用请进来、送出去等方法。一是打造领域领军人。通过选拔或引进方式,从现有军校教师队伍中挑选对新装备熟知、保障经验丰富的人员着力培养,使之尽快成为行业中的精尖力量;或者从科研单位、野战部队引进精通新装备的优秀人才来院工作,领衔新装备教学能力建设。发挥领军人的传帮带作用,从而以点带面,促进整个教师队伍新装备能力提升。二是培养骨干。就是要着重培养具有发展潜质的中青年装备人才,采用新装备跟研跟产跟训跟修的方式,通过赴基地结合岗位锻炼、部队代职、演习演练等,实现新装备研制和生产提前介入,新装备使用和维修同步跟踪,掌握新装备的第一手资料,尽快形成新装备教学能力。三是培养教学示范分队。打造一支由士官、高年级学员组成的示教分队,教员先培训示教分队,在培训过程中不断深化对新装备的认识,同时,充分发挥示教分队作为授课的示范员、学员练习的指导员、事故防范的安全员、训练效果的反馈员的积极作用。

（三）培训考核

围绕新装备教学能力的培训内容，考核分以下几种形式：一是理论笔试。针对新装备的原理和构造，采用笔试的形式，考查培训对象对新装备各部分原理和构造的掌握，以及各部分的功能。二是实操考核。针对新装备的兵操和作战运用，可采用实装实操考核的形式，看培训对象操作的规范性和熟练性。三是典型故障排查和维修。设置一些典型的新装备故障，考查培训对象排除故障的能力。同时，还应综合考查受训对象围绕新装备组织教学的能力。

三、实战化教学骨干队伍建设

以强军目标为引领，适应陆军转型发展需要，紧贴部队实战化训练实际，牢固树立为战教战理念，着力培养一批精通装备、熟悉作战、善于组训的实战化教学骨干，充分发挥典型示范作用，促进学院实战化教学训练水平整体提升。锻炼打造一支研战功底扎实、教战能力突出的教学骨干队伍，带动建设一批紧贴部队急需、实战特色鲜明的实践教学课程，探索形成一套组训流程规范、引领作用突出的教学模式方法。

（一）培训内容

紧贴部队训练实际，遴选一批青年教学骨干进行重点培养和锻炼，针对专业综合实践和综合演练教学需要，重点围绕武器系统运用、技术保障、保障指挥等内容，开展集中培训和分专业实践，着力提升教员为战意识、教战能力、实战作风。

武器系统运用：针对相关专业武器系统作战运用，由各单位组织受训教员，分别以分队战斗员和指挥员的角色开展实践，了解各专业武器系统运用的基本知识，掌握武器系统展开、撤收、技术准备、操作使用等相关技能，以及各装备在武器系统运用中的时机及要领，能组织指挥武器系统各班组的协同运用，提高教员武器系统联合运用能力。

技术保障：围绕装备检查调整、维护保养、故障排除等技术保障内容，按照贴近实战设置训练科目、对接部队规范组织程序、从难从严确立考核标准的要求，由各单位结合专业实际组织培训和教学实践，增强教员按纲施训、科学施训、从严施训的组训管理能力。

保障指挥：针对指挥通信装备操作使用、识图用图、军事标图、军用文书拟制、指挥信息系统使用等指挥军官基本技能，由学院集中组织专题培训；针对战斗勤务指挥、抢救抢修指挥、供应保障指挥等保障指挥技能，由各单位分专业组织培训，使教员掌握保障分队战时指挥的基本流程、基本内容和基本方法，强化战时装备保障指挥能力。

（二）培训方式

以实战化教学需求牵引建设，充分利用院校内外优质资源深化开放融合培养。培养对象原则上从青年教学骨干中产生，优先考虑有部队任代职经历、参与过部队演习演练和学院综合演练活动的教员。

院校可安排相关教员赴部队观摩或参与演习演练，请指挥院校和作战部队专家来院开设讲座、进行针对性指导。各学院、系成立由领导任组长、相关专家教授为成员的指导小组，以实战化教学活动为牵引，按照“固强补弱”的原则，逐人制订培养计划，明确阶段培养任务，组织赴部队调研学习相关领域教学改革需求，加强全程指导。培养对象在指导小组的帮助下，根据承担的专业综合实践课程，贯彻实战化教学训练要求，对接部队训练实际，研究制定课程实战化教学改革方案，按训练科目整合教学内容，积极创新组训方法。

（三）考核方式

以汇报演示和教学应用相结合的方式进行。汇报演示，培养对象针对各自专业特点提交课程实战化教学改革方案，并从中随机抽选科目进行汇报演示。院校邀请部队及相关院校专家参与验收。教学应用，培养对象根据课程实战化教学改革方案，结合专业综合实践、装备综合演练或课程教学等进行专题应用及深化研究。

第三节　指挥员能力培养校际模式

教师专业化培训是一个系统工程，不仅要充分利用院校的培训资源，也要利用军内外各种优质资源，采用多方交流的培训方式，营造全域培训的理念，确保培训效益最大化。

一、院校间交流培养

院校应营造一个开放的环境，充分与兄弟院校、地方高校以及科研院所合作，通过建立“访问学者”制度，让优秀的教师“走出去”，把知名的专家“请进来”。

一是实施“访问学者”工程，在借鉴中提高。“访问学者”工程，是不同教研机构人员相互学习、交流、借鉴、提高的有效形式。访问学者，既可以根据需要与地方高等院校交流，也可在军队院校之间展开合作。军队指挥院校与技术院校之间、各军兵种院校之间、院校与科研机构之间均可建立“访问学者”制度。通过有机合作与交流，提高师资队伍的综合素质，发挥师资队伍的使用效益。

二是聘请“客座教授”，在合作中提高。应采取超常措施，借鉴外军院校面向地方政府、院校、科研机构聘请临时教师、客座教授的经验做法，面向军地高校、科研院所高薪招聘知名专家学者担任客座教授，聘请总部业务机关领导和部队工作经验丰富的干部以及外军教师担任兼职教授或临时教师，来指导学科专业建设。

三是依托国民教育，拓宽进修途径。军队院校师资队伍建设，要充分利用地方高等院校的师资、教学设施等资源优势，每年选派部分年轻优秀的教师到地方名牌大学攻读硕士、博士学位或进修提高，夯实师资队伍的科技知识和文化知识基础。逐步建立起“育人有院校依托、教学有教授登台、科研有专家指导”的教师培养模式，使军队院校师资队伍建设借梯上楼，固本强基，提高起点。

二、部队任代职锻炼

《2020 年前军队院校教育改革和发展规划纲要》中明确提出，要适应院校教育发展需要，构建由现役教师、部队教官、文职人员和特聘人员相结合的教师队伍。因此，教师队伍专业化发展，要建立部队干部与院校教师双向交流任职的长效机制。

当前，军队院校教师赴部队交流主要有当兵锻炼、部队任代职、参与部队演习演练等形式。当兵锻炼，指军校教师以普通士兵的身份参与部队的日常生活和训练，主要加深军校教师对部队的认识。部队任代职，指军校教师去部队相应的岗位任职或者代职锻炼，以提升岗位能力素质。参与部队演习演练，指军校教师以某一特定角色的身份，参与部队的演习演练，提升实战化教学能力。同时，也有部分院校聘请了部队、兄弟院校的优秀军官来院校交流，提升院校紧贴部队的实战化教学能力。但是，总体来说，目前的交流制度还不够完善，走出去的多，引进来的少，培训重形式而轻实效，同时缺乏针对性。

要真正建立畅通的交流培训机制，需要改变当前的交流方式，以实现院校与部队双向代职交流，切实起到提高军校教师队伍能力素质的效果。在交流中，要把握以下几个原则。

一是增加代职交流的针对性。教师代职一定要到驻防任务与其专业知识相关相近的单位，这样才能充分摸清其专业的任职需求、装备运用上存在的技术问题，为教师的教学和研究积累第一手资料；聘请教官也要充分考虑其工作与院校学科专业的相近性，这样才能以其丰富的实操、实战经验弥补军校教师对部队实际情况了解不深的不足，充分帮助学员认清其岗位任职需要。

二是形成跨军兵种立体式的交流网络。一方面，现代战争是多军种、跨平台的协同作战，仅仅了解一个兵种的情况是远远不够的，因此，无论是军校教师代职还是聘请教官，都不能仅仅选择单一军兵种且驻地距离院校较近的几个单位。我们要逐步增加代职去向，实现跨军兵种的全方位、有重点的交流。另一方面，无论是教师代职还是聘请教官，形式要多样化，岗位要全覆盖。教师代职的形式不仅要有短期的代职锻炼，还要有长期的岗位任职。聘请教官来院任教的形式，可以是短时间的座谈交流，也可以是定期的组训，或为期一段时间的授课或训练，甚至可以把部队经验丰富、工作能力强的指挥军官和参谋军官调到学院任教。军校教师到部队代职的部门既要有作战分队，又要有勤务保障分队，既要下基层部队，又要到部队机关；聘请的教官可以是部队机关的干部，也可以是基层连队的军士长，只要能够帮助学员提升其岗位任职能力，都可以聘请为我们的教官。

三是建立有效的考评机制。为确保交流实效，在交流过程中应明确交流教师和部队干部的工作目标，使交流双方在任职期内，按照工作目标，完成工作任务；并确定考评标准，加强定期对交流人员的考核工作，制定交流期间不同阶段、不同任务的考评项目和内容。对于交流期间表现优秀、成绩突出的要优先使用，优先晋升专业技术职务和行政职务。

三、赴装备研制单位结合岗位锻炼

随着我军武器装备的飞速发展，越来越多的新装备列装部队，为军队现代化建设提供了重要支撑。随着新装备的建设发展，如何让新装备尽快形成战斗力和保障力，成为军队从机械化向信息化发展的重要问题。这就需要培养大量的新装备人才。新装备人才的超前培养，已经成为我军建设的一个共识。作为人才培养的主阵地，军校教员更应该提前介入装备研制，尽快形成新装备教学能力，以满足新装备建设发展需求。

因此，可以安排教员去科研、试验基地进行跟研，介入武器装备的研发阶段，提前了解装备的性能指标、结构原理等；也可以安排教员去生成厂家进行跟产，进一步加深对装备构造和结构原理的认识，同时获取第一手的资料，为下一步开展装备教学打下坚实基础。

四、参与部队重大演训活动

2014 年初，军委下发《关于提高军事训练实战化水平的意见》，对在新的起点上加强实战化军事训练做出战略部署。此后，全军认真贯彻落实习主席和军委关于大力开展实战化训练的部署要求，加速转变训练理念、调整优化训练内容、大力创新组训模式、深度转变训风演风，连续组织了战略战役集训、跨区演习、中外联演、对抗训练试点等全军性重大演习演训活动，显著提升了部队实战化训练水平。2016 年，军委又下发了《加强实战化军事训练暂行规定》，持续推进实战化军事训练向纵深推进，明确基本导向，作出具体要求。

突出强调实战化训练，是对部队训练和院校教育的共性要求，是深化军队院校教育教学改革的根本遵循，是提高办学育人质量效益的核心保证。军队院校教员，作为办学育人的主导力量，更应该经常性的参与部队实战化演训活动，以加强实战化教学能力建设。这里的参与，要求教员不是简单地观摩，看看热闹，而应该作为演训活动的一员，深度参与进来。或作为红蓝双方的一员，或担任演训活动的导调，通过实实在在的实战化演训历练，找准个人存在的问题不足，以及今后教学中应该突出解决的问题，在演训中提升个人能力。

五、送训教学

随着部队信息化建设，大量信息化装备列装部队，但是装备之间互联互通问题仍没有有效解决，信息化人才培养需求迫切。为适应部队调整改革形势任务，立足部队现有基础，围绕信息化装备人才培养需求，结合部队装备操作使用和系统运用维护保养能力实际需求，陆军开展了依托部队、院校、科研院所、装备承制单位“四位一体”的培训体系，全面统筹各方面力量，科学组织各阶段培训，大力培养新型军事人才。

院校作为培训的主体单位，通过院校集训和部队驻训等送训教学方式，在里面发挥了积极作用。同时，通过这样的培训任务，教员自身的专业素养也得到了有力提升。院校集训时间，教员要开展理论授课、操作示范、研讨交流和参观见学等活动。这就要求教员必须提前掌握相关内容，倒逼自己去学习相应武器装备的知识和操作使用，并有效改进自己的教学模式和教学方法。部队驻训期间，教员开展辅导授课、实装操作、研讨交流等活动。在活动之余，对部队的结构编成、训练方法、武器装备作战运用又有了进一步的认识。同时，通过研讨交流等活动，发现当前武器装备使用和维护中的问题，为下一步改进教学、开展科研、服务部队打下基础。送训教学，也真正起到了教学相长的作用，促进着教员能力提升。

六、赴外军学习交流

现代教育是个开放的教育，军校教师需要走出国门，开阔国际视野，需要站在世界军事变革的前列，了解把握最新的军事发展动态。通过建立军队院校与外军双向访问交流制度，拓宽教师视野和信息资源渠道，吸取外军先进的教学理念、教学方法、教学模式。

当前，军队院校教师对外交流的主要形式有访问学者和出国深造。访问学者是指由国家、军队等资助，去国外高校或研究机构从事科研学术交流的教师，一般是高等学校培养学术带头人和学术骨干，也是进行校际学术交流的一种重要途径。出国深造主要指高校教师去国外高等院校攻读学位。由于经费制约、员额限制、技术保护、意识形态等原因，目前我军院校与外军的人员和学术交流比较有限，机制还不健全。

因此，应深化院校与外军双向访问交流方式，采取与外国军队互派代表团、中外军队院校互派教师任教，以及军校教师到国外进修、深造、学术交流等方式，全面促进军队院校与外军双向访问交流。在交流中，要把握好以下几个问题。

一是选派人员要有针对性。赴外国部队或军事院校访问交流一般时间相对较短，为了所派人员能够在短期内有较大的收获，就要求其有一定的基础，去访问交流主要是查漏补缺，快速弥补自身在专业领域中的不足，因此，去进行访问交流的人员应是本专业的学科带头人，且具备高级专业技术职称，近五年内不会离开部队。赴外国军事院校进修时间相对较长，能够使所派人员在军事素质、专业素养等多方面有一个全方位的提升，为了能够提升教员队伍的整体素质，去进修的人员选拔更要慎重，原则上去进修的人员应为年龄不超过三十五岁的年轻教师，且自身军事素质过硬，体能考核成绩在良好以上，具有三年以上专业课的教学经验，清楚目前教学过程中存在的不足，且对本学科的专业知识有较深入的研究，能够紧跟学科前沿的动态。

二是要有特色优势。军校教师访问交流或进修的院校或部队一定要与教师的学科专业、所教课程紧密相关，且在这一领域具有明显的学术优势和特色，使访问交流的教师访问有内容、学习有收获、交流有心得。要坚决杜绝为了交流而交流的现象，要本着宁缺毋滥的原则，选择好访问交流的院校，选择好学习借鉴的优势特色领域。

三是所学经验要广泛交流。由于名额有限，与外军的交流不可能大范围的开展，为了使交流活动的效益最大化，在赴外交流学习的教师回来后，要组织多层次、大范围的交流活动。第一个层次是学科专业范围内的技术交流,以在相关专业领域从事教学、科研工作的教师为主体,主要是专业前沿动态介绍、经典学术问题探讨,以期相关教师能够开阔眼界、拓宽思路,专业技术能力有所提升。第二个层次是管理层面的方法交流,以从事管理工作的干部为主体,主要介绍外军的管理制度和管理方法,为广大管理干部的工作提供借鉴。第三个层次是日常工作积累的经验交流,以院校教师、学生为主体,主要介绍赴外交流学习的经历、经验、收获、思考等,为大家提供一些日常工作中方法论层面的借鉴。

第七章

军队院校双员型教员队伍能力建设展望

在未来军队院校的师资队伍建设中,双员型教员将成为教员队伍中的骨干与中坚力量,其队伍能力建设无论是在职业发展空间方面,还是培训制度机制不断建立完善方面以及院校文化建设方面都将有美好的规划与发展前景。

第一节　个人能力综合协调

军队院校教员作为高等院校建设和发展的主体,对于个人能力提升需求上,具有更高的要求,通过双员型队伍建设,对军队院校教员个人能力综合协调、持续健康发展,具有重要作用。

一、教学能力与指挥能力相协调

通过双员型教员队伍能力建设,可以使教学能力和指挥能力相互促进,教员得到全面发展。

(一) 教学能力不断深化

双员型教员队伍建设对于教员来说具有非常良好的促进作用。从教学能力来说,主要包括教学设计能力、教学实施能力、教学沟通能力、教学评价能力、教学反思能力等。

教学设计能力指的是将对教学内容的理解、对学生学习情况的理解作为基础来设计教学进程的总体、设计教学方法、采取何种教学组织形式的能力。简言之,教学设计能力实际上就是教师课前将各种因素优化组合,使之达到最佳效果的能力。其基本内容包括对于课堂教学目标设计的能力、对于教学内容设计的能力、对于课堂教学方法手段设计的能力、对于教学模式和教学策略设计的能力。

教学实施能力是实现教学目标的中心阶段的一种重要能力,教师在对教学实施策略进行选择时既要符合教学内容的规定、达到教学目标的要求和考虑教学对象的特点,又要想到在特定的教学环境中去实施的可能性和必要性。其基本内容包括学习心态的积极维持策略的能力、教学内容的传输加工策略的能力、有效认知指导与干预策略和课堂秩序管理策略的能力等。

教学的沟通能力是指教师在教学实施的过程中能与学生进行有效的沟通,达成一定的共识。高校教师和学生进行沟通,通常都会以朋友的身份而非教师的身份,这样的沟通形式显得平易近人,会让学生更容易和教师亲近,使沟通变得有效,那么教学效果也会提高。

教学评价能力是指教师按照多元的目标、多样的方式、将注意力放到学习过程当中,并且将量化的评价和质性的评价结合到一起。通常教师应该采取的方法是定性法和定量法相结合的一种综合性评价方式,而这种评价方式重点突出的定性评价。教师还应该根据平时所观察到的情况而给出具有针对性的评价,这种针对性的评价可以给学生一个正确的方向以便其能够达到理想的目标。教学评价能力包括:选择或编制评价工具的能力、实施评价的能力、获取反馈信息的能力。

教学反思能力是指教师将自己和自身的教育教学活动作为反思对象,对自己所做的行为、方法和决策以及由这些所产生的结果进行正确的判断、审视、分析和整合的能力。从教师工作的主要思考对象上来划分,反思能力被分为自我反思能力、教学反思能力、德育反思能力、生活反思能力、课程资源开发反思能力。

(二)指挥能力稳步提升

通过双员型队伍建设,教员在指挥能力上的提升会尤其明显。一是打仗意识明显提高。通过双员型队伍建设,教员思想麻痹、不研究打仗的现象就会明显改善,实战化意识明显增强。二是战略思维明显加强。通过双员型队伍建设,教员对于新形势下军事战略方针、战略力量作战运用等问题就会深入研究,在理解意图、思维理念等方面明显改进,对信息化条件下战争和未来数字化战场更加关注。三是指挥素养明显提升。通过双员型队伍建设,教员"五个不会"的问题可以逐步得到解决,对于指挥流程更加清晰,对影像判读、图表识别、文书拟制、器材使用等能力得以改进。四是军事理论有效加强。教员对联合作战、信息管理、作战指挥以及国家战略力量运用等军事理论,以及对信息化战争研究逐步深入。

二、专业能力与实战能力相协调

当前的军队院校教学应积极适应军队信息化形势发展,自觉瞄准未来信息化战场,主动对接部队信息化建设,确立推进信息化条件下实战化训练的理念。赢得信息化条件下作战行动的胜利,需要培养具有良好的全面素质、复合的知识结构和综合能力、较强创新精神和创新能力的军事人才。因此,教员要着力强化信息化条件下实战化教学的"实践性、针对性、指向性"教学理念,实现教学指导思想由"注重全面培养"向"强化实战应用"的转型。通过双员型教员队伍能力建设,可以起到以下三方面的突出效果。

(一)帮助教员强化"信息主导"理念

突出信息的主导地位,是实战化教学的中心内容。适应新质战斗力建设需要,课程教学要以"融入信息化背景、学习信息化知识、掌握信息化装备、运用信息化系统"为重点,增大教学内容体系中前沿知识和信息化装备的比重。随着培养目标和教学手段日益信息化,客观上要求教员必须具备较强的信息捕捉能力、信息融合能力、信息传播能力、信息技术应用能力等,只有这样,才能使其在教学与学术科研中,有机地将专业能力搭建在信息平台上,全面提升专业素质;才能应对信息化给军事人才培养带来的新变化,满足新型信息化军事人才培养需要。

(二)帮助教员强化"以岗为本"理念

明确的岗位指向性是任职教育的鲜明特征。教员切实搞清部队作战能力建设对军事人才的需求，根据信息化下武器装备、部队编制和人员结构发展变化，突出信息化武器装备的掌握作为教育训练的重点。既要注重解决人与单件武器装备的结合问题，更要着力实现人与武器系统的有机结合。既要发挥现有武器装备的最大潜能，又要突出抓好新装备、新技能、新战法训练，切实夯实战斗力基础，使学员切实具备信息化条件下作战行动指挥的所必须的技能和理念。

（三）帮助教员强化“实践教学”理念

通过突出实践性教学环节，加强模拟训练和实战环境锻炼，增强教学的实践性，以达到提高实战技能的目的。教员在教学中要进一步确立突出实践的教学观，通过把握训练内容的抽象性、训练方式的反复性、训练方法的多样性，使学员通过对比、分析、判断、推理等方法，提高形象思维能力，为任职需要打下良好的思维基础。

三、基础能力与任职能力相协调

在双员型队伍建设指引下，教员需要努力提高适应实战化的信息素质、联合素质、谋略素质为主的综合素质，提升与军队新质战斗力建设相适应的新质教学能力，为深化实战化的教学训练改革提供强有力的人才支撑。

（一）适应信息化教学需求，提高信息素质

信息素质是教员适应信息化战争的要求，深化实战化的教学训练改革所应突出的首要素质。教员理应成为掌握军事先进信息技术的群体，只有超前了解飞速发展的信息技术，才能科学预见课程信息化条件下的发展趋势这就需要教员自觉强化对信息化作战相关理论的学习，注重信息意识和信息制胜观念的培养、努力将信息化新理论、新知识、新技能融入到一线教学实践当中，使自身的信息素质转化为新质教学能力的提升。

（二）适应学科专业教学特点，提高联合素质

联合素质是为适应信息化条件下联合作战的需要，教员在精通本专业教学的基础上，广泛地掌握其他相关专业的有关知识，真正做到“一专多

能”。在双员型教员能力建设中,教员需要加强与课程专业相关的专业的学习,了解信息化条件下军兵种知识、机械化步兵战术、信息技术装备等提升部队实战化能力所涉及的新理论、新装备、新系统、新技能等,及时把部队实战化建设成果、有益经验和做法引入课程教学训练。

(三) 适应学科建设发展趋势,提高融合素质

当今各学科交叉融合,相互贯通,新兴交叉学科层出不穷,更加要求教员突出“融合素质”,即不仅应精通军事测绘导航领域的相关知识,还要对其他相关学科知识有比较广泛深入的了解,善于在学科的交叉重叠区寻找教学和科研的创新点,探寻具有时代特色的制敌之策。这就需要教员积极适应任职教育教学训练模式转变的实际,加强自身学习,积极提高学历层次,更新知识结构、补充学术营养、拓展教育视野,尽快形成新质教学能力,以满足培养高素质军事人才的需要。

第二节　职业发展空间广阔

一、地位作用突出

军队院校是我军人才培养的主渠道主阵地,承担着打造高素质新型军事人才的重任。提升教员队伍建设质量是推进任职教育院校坚持打仗标准、围绕打仗教学、培养打赢人才的关键。习近平主席明确指出:“要坚持面向战场、面向部队,围绕实战搞教学、着眼打赢育人才,使培养的学员符合部队建设和未来战争的需要。要更新教育理念,创新培养模式,全面提高师资队伍整体素质。”这为我们加强双员型队伍建设指明了方向,提供了根本遵循。

建设一支“双员”型教员队伍①,对每一位教员而言,意味着既要成为一名合格的教员,善于“传道、授业、解惑”,具有很强的教学工作能力,同时又要成为一名合格的战斗员;不仅具有良好的战术素养,而且更要擅长所教授

① 姜明.适应信息化条件下空中作战需要努力打造“双员型”飞行教官队伍[J].训练研究,2012,3.

的教学实战。从本质来讲,“双员”型代表教员具有平时会教学,战时能打仗的能力,体现了教员在教学与作战两个方面都要过硬的时代要求。未来,双员型教员将成为教员队伍的中坚,是教员队伍中素质最高、能力最强的群体。具有“双员”能力的教员,必然可以对教员队伍建设产生很强的牵引作用,不仅能够有效促进整个教员队伍的能力素质发展,而且更能显著提升整个教员队伍的能力素质水平。

因此面对未来的军事变革与发展方向,双员型教员肩负着培养军事人才的核心任务。加速培养高素质新型军事人才,是实现强军目标的战略要求。强军兴军,关键靠人才,基础在教育。军队院校要牢固树立“靠拢部队、聚集实战、教战为战”的求实精神,坚持部队需要什么就教什么,打仗需要什么就练什么,在真演实练、真打实抗中增强学员的能力素质。作为教员更要增强“打铁还需自身硬”的责任感、使命感,时刻牢记“课堂连着战场”,坚持按照“源于部队、高于部队、用于部队”的目标要求,努力学习知识,积极投身部队实战化军事训练,充分发挥理论优势,争做经验丰富、专业素质复合、堪当重任的“双员型”教员,不断提升教学水平,从而增强学员能打胜仗的本领。

二、成长路径清晰

面对未来军队的发展方向,为适应军队转型建设、军事斗争准备对人才培养的要求,实现军事人才培养的规范化、精确化和科学化,未来将建设强有力的支撑政策和配套的规章制度,填补针对军队院校教员的成长路线设计的空白,引导军队院校教员成长路线的清晰化。

在未来对双员型教员进行职业前景规划以及业务能力培训时,将逐渐摒弃传统的按照技术军官的成长路线对军校教员进行的培训,对教员的部队任职经历将作出明确要求;逐渐摒弃“院校远离战争、教员无需打仗”的错误认识,实现课堂与战场的紧密结合①。

实践是检验真理的唯一标准,这也是实现认识过程的二次飞跃并不断

① 李亮.加强指挥类任职教育院校教员队伍建设[J].军队政工理论研究,2015,4.

反复和无限发展的必由之路，在不久的将来，军队院校会逐渐使教员队伍多向一线“靠近”“取经”，将军事理论转化为部队实践，在实践中审视纠正教学训练中的不足，才能更好地具备“授人以渔”的本领。

因此应该在军官成长路线图的基础上，单独制定教员队伍的成长路线图，明确培养、使用、成长路径，补上部队任职经历这块“短板”，在具体落实上，应加强顶层规划，科学论证设计教员队伍成长路线图，各军兵种和院校结合自身特点和实际情况，区分“教学科研型”“教官型”“外聘型”三种不同类型，科学设计军校教员成长路线图，形成一整套符合实战化要求的考核标准和评价机制。

同时在一些有特殊职能的单位，可明确提出将部队任职经历、参与大项演习演练和部队战法训法创新作为院校教员职称评定、职级晋升的必要条件，充分激发教员队伍投身部队一线的积极性。即便院校人员到部队任（代）职也只能担任不占编制的副职岗位，参与部队重大演习演练和战法训法创新活动不够深入，导致任职效果始终在低层次徘徊。作为实战化教学的操盘手，如果教员自身不精通实战，实战化教学则只能是以其昏昏使人昭昭、以涓滴之水解求知之渴，不仅误人子弟，更会影响国防和军队建设大局。

以上针对培训双员型教员的成长路径不应仅限于现役军人，同时更应重视目前日益庞大的部队文职力量，以后他们将成为军校双员型教员的主干力量与坚实基础。

三、交流渠道顺畅

在现代战争中，“平台作战、体系支撑”“战术行动、战略保障”成为了其显著特点，要求打造“精于专业”“晓于实战”的双员型教员队伍，必须畅通院校与部队的人才交流渠道，这种交流主要体现在部队与院校的双向交流。

（一）院校向部队进行交流

在未来双员型教员队伍建设过程中，力争让更多的教员深入部队一线、任务前沿，加深对军事斗争准备的理解，掌握信息化战争的发展方向。

院校应不断加大教员“走出去”的力度①。一是不断提高教员的思想认识,让教员意识到“多见者博、多闻者知”。面向战场、面向部队、围绕实战搞教学,只有坚持“走出去”,经常走进部队一线,立足演训前沿,才能闻到“硝烟味”,沾到“机油味”,感受部队官兵的“精气神”,从而掌握大量第一手资料,这样才能依靠教员自身的理论优势深入开展教学研究工作,才能在三尺讲台上讲出真实的、一手的内容,讲出学员想听的、爱听的、解渴的课,拿出切实管用、部队欢迎的科研成果。

二是院校要有意识地加强与总部机关、一线部队、训练机构和兄弟院校的联系交流,坚持“贴近部队、贴近岗位、贴近实战”的原则,主动选送优秀教员参加部队各级组织的演训活动,在积极参与中开拓视野、增长见识、积累经验,有效促进院校教学和部队训练无缝衔接、有机融合,努力打造一支既懂院校又懂部队的高水平教员队伍。

(二)部队向院校进行交流

在双员型教员队伍整体建设中,一方面应积极引进部队优秀指挥员走入院校课堂,传授打仗本领、详解作战经验,增加课堂教学战味,这也是优化教员队伍结构、激发办学育人活力的关键举措。

另一方面,为保证新增教员的数量和质量满足任职教育发展的需求,应拓宽教员来源渠道,改善师资队伍的结构。除接收与院校专业设置对口部队的军官以外,还应接收相关部队相应岗位的人才;人才地域分布应当非常广泛,既要有来自东南等沿海发达地区的,也要有来自东北、西北、西南等地区的,特别是一些热点地区,有利于加强教员平时交流全国不同方向部队作战战备情况,确保授课时针对不同作战方向更具实效性。

院校应从政策上扶持优秀指挥员交流进院校,在一定程度上减轻从部队选调的教员到院校后面临首次任职受限的程度,努力使其融入教研室梯队,为其拓宽未来发展的空间。

---

① 高燕,李小平,弥华见.对军校教员实战化教学能力建设的几点反思[J].军事人才培养,2018(8).

第三节　培训制度机制完善

随着军队院校双员型教员队伍的日益壮大,双员型教员队伍的建设发展必将受到更为广泛的关注,必将形成一套覆盖培养理念、培养方式、培养条件和培养反馈等各个方面的较为完善的双员型教员培养制度体系。

一、科学的教育理念

军队院校的广大教员,普遍能够做到在自己的专业领域内,不断地学习、探索,形成一定的学术研究成果,完成相应的专业教学工作,并能够将其专业领域的新知识新方法引入到课堂教学中。然而,“双员型”教员,兼具教员和指挥员的双重角色,仅在自身专业领域内进行学习研究是远远不够的,还需要具备相当的军事素养。双员型教员在自身的学习和成长中,不断改变观念,拓宽思路,将以终身教育理念为指导,逐步构建其职业发展蓝图。

国内外教育研究者对终身教育的内涵阐释不尽相同,总结起来可以认为,终身教育是人们在一生中受到的各种培养的总和,它包括一切教育活动、教育场所和教育机会。在时间上,它贯穿人的一生,包括从出生到老年的所有正规、非正规及非正式的教育;在空间上,它又跨越不同的教育场所,包括学校教育、家庭教育和社会教育。简言之,终身教育是以促进人的发展为目的,把各种教育形式和教育活动有机地整合起来的一种“一体化教育体系”①。

双员型教员的培养,应注重引导教员形成科学的教育理念。通过组织各种形式的学习、实践活动,不断拓宽教员的学习领域,掌握前沿的科学文化知识和军事知识,使其不仅能够胜任教员角色,更能够担当好指挥员角色,并在此过程中,引导教员逐步形成终身教育的理念。

具备终身教育理念的双员型教员,在进行其职业生涯规划时,将不会刻意躲避其不擅长的领域,而是更加清晰地把握其职业生涯的发展方向,客观的分析其职业生涯发展的知识、能力需求,并有针对性的制订能力提升计

---

① 国卉男.中国终身教育政策研究——基于政策文本的分析[D].华东师范大学,2013.05.

划，使其事业在预期的轨道上不断向前发展，最终达到职业发展目标。

二、丰富的培养模式

随着双员型教员队伍建设研究的不断深入，对于双员型教员的能力需求、工作定位更为明确，为双员型教员的培养指明了方向——“三位一体”的人才培养理念为基础的开放式培养模式。

所谓“三位一体”是指，人才培养规格融“知识、能力、素质”为一体，人才培养内容融“通识能力、专业基础能力、专业发展能力”为一体，人才培养途径融“课堂教学、实验实训、校园文化活动”三个培养平台为一体。

双员型教员的培养可以在“三位一体”培养理念的指引下，将“走出去”“请进来”“多交流”有机结合起来，全方位培养其教员素养和指挥员素养。

(一) 教员外出学习机会更多

目前，军队院校的教学研究，大多是封闭式的，教员能力的提升，主要依靠教员自身的不断探索，偶尔有机会参加一些地方机构组织的教学交流活动。而这种方式下，教员能力提升的效率比较低，且能力的提升仅限于教学能力。对于双员型教员的能力培养，再使用这种近乎于闭门造车式的方式，显然是达不到双员型教员的能力素质要求的。

在双员型教员培养制度体系中，构建完善的教员外出学习实施细则，为其提供更多的外出学习机会。这种外出学习主要有两个方向，一个是以提升教员素养为目标的学习，主要是到地方师范院校进行短期进修、参加地方机构组织的培训交流等；另一个是以提升指挥员素养为目标的学习，主要是到野战部队进行代职和调研交流、到训练基地观摩实战演习等。

(二) 院校引进的资源更丰富

目前，院校邀请的来校交流人员，大多是某专业领域的专家学者，主要是进行学术交流，能够为教员的专业领域研究提供一定的指导和借鉴。然而，关于教学方法方面的讲座、培训却是少之又少，针对广大教员开展的指挥能力培训更是微乎其微。

随着双员型教员培养制度的完善，院校能够引进的资源会越来越丰富。

可以聘请学术、教育、指挥领域的专家以讲座或短期培训的形式进行现地教学，也可以从MOOC平台、微信公众号等诸多渠道引进成熟完善的网络课程供广大教员学习。与之配套的管理制度应包括聘请外单位人员的审批程序、在校讲座或组织培训期间的食宿安排、薪酬待遇等，引进视频课程、网络课程的审批程序、资源管理使用规定等，这些管理细则的出台，为提升双员型教员能力素质提供了制度保障。在此基础上，院校能够根据自身需要，与部队、地方高校、兄弟院校、科研院所等单位建立长期的交流合作关系，为双员型教员的成长提供稳定平台。

（三）交流切磋机会更多

院校根据双员型教员能力素质要求，一方面可以设计和制定形式多样的比武活动，将抽象的能力素质要求融入到比武的规则中去，指导教员在竞争与对抗中提升自我；另一方面可以选拔在某方面有突出表现的教员，以公开课的形式为广大教员树立标杆。除院校内部的各种活动外，还可在院校之间组织对抗赛、团体赛等多种形式的交流活动。院校要注意将经过实践检验的、较成熟的活动制度化，为教员树立明确的努力方向。

三、成熟的培养条件

随着双员型教员队伍建设研究的深入，双员型教员培养模式逐步建立，培养制度日趋完善，培养工作逐渐细化，就需要有专门的机构来统筹各项工作，组织各种交流，因此，在各级单位成立双员型教员能力发展中心成为大势所趋。

院校的双员型教员发展中心，对内负责制定和落实本单位的双员型教员培养制度，组织双员型教员选拔、培训、比武、交流等各项活动；对外引进双员型教员能力素质发展所需的各类培训资源，向上级申请经费、制度等各种支持，向兄弟单位协调座谈、比武等联谊活动，为双员型教员的培养提供广阔的空间和平稳的环境。

上级主管单位的双员型教员发展中心，主要为各院校的发展中心提供建设指导和制度扶持，并协调军地之间、院校与部队之间、所属院校之间的各类资源，实现资源利用的最大化，并为其交流活动的开展提供支持。

各级单位的双员型教员能力发展中心，形成了一个立体的双员型教员培养管理体系。在该体系下，可以在双员型教员培养过程中引入"学分银行制度"，该制度是在终身教育理念的推动下，以对不同类型、不同层次之间教育成果进行认定、累积和转换为主要内容的一种新型学习机制和教育管理制度①。这种管理制度不仅可以突破培训时间的限制，储存所学成果的学分，而且还能突破传统培训模式的地域限制，把通过不同途径获得的学习成果通过双员型教员能力发展中心进行认定与积累。双员型教员能力发展中心根据教员的学分情况把握其培养进展情况，并适时提出指导意见，进行培养情况通报。

四、科学的评价机制

在双员型教员管理体制中，最核心的是依据双员型教员的特点建立相应的评价指标体系，并以此为依据，进行全过程的培养反馈。

双员型教员需要具备教员素养和指挥员素养，这是双员型教员培养的基本出发点，必须体现在培养双员型教员的全过程中，从人员的选拔、政策的制定到具体培训途径的选择和培训效果的评价，都不能背离这一主线。双员型教员能力素质的具体评价指标体系，应围绕这一主线，突破"德、勤、能、绩"的模糊概念，建立涵盖政治思想品德（师德师风、工作态度、敬业精神等）、业务水平（学科建设、实验室建设、研究能力、知识结构等）、教学工作（教学质量、教学研究、指导学生情况等）、科研和成果工作（科研项目、获奖或鉴定情况、成果转化及效益等）、服务部队工作（部队代职、科技服务、科技咨询、已工作学员反馈等）等全方位的评价指标，从而形成可以操作和持续变更的指标体系。

双员型教员的培养应以其评价指标体系为指导，针对人员选拔、资格认证、任期考评、职称评定等人才队伍建设过程中的各个环节，建立相应的考评机制，制定不同的考评标准，做到定性考评和定量考评相结合，过程考核与目标考核相结合，本着客观、公正、公平、公开的原则，实现全过程全方位的考评机制。

① 魏志慧，等.构建终身教育体系的政策、法规和制度（中国篇）[J].江苏开放大学学报，2016.

需要特别强调的是，组织实施对教员的考评，其目的不是在"评"，而是在"建"。考评工作的重点是要根据教员的考评结果，有针对性地提出科学合理的培养建议，并为教员制定切实可行的能力素养提升计划，做到以评促建，激发教员的积极性、主动性和创造性，从而使教员的双员型素养不断提升，院校的双员型教员队伍不断壮大。

第四节 "崇文尚武"氛围浓厚

崇文尚武思想的本意是指推崇文化的同时崇尚勇武。新时期下，崇文尚武的内涵更为丰富。对双员型教员来讲，推崇文化就是不仅是要具备丰富的专业知识和较高的人文素养，还要深刻理解现代战争中战斗力的基本形态和战争的制胜机理；崇尚勇武不仅是要具备良好的体魄和坚强的意志，还要具有摆兵布阵、谋划打仗的本领。教员的成长环境主体是校园。因此，崇文尚武的校园文化氛围不仅是军队院校区别与其他高校的关键特征，也是其办学软实力的重要体现，更是双员型教员队伍培养发展的环境保证。

一、"崇文尚武"文化的基本特征

双员型教员从其构成的内涵上讲，必然具备崇文尚武的特质。因此，无论是在院校发展还是在部队成长，双员型教员均离不开"崇文尚武"的文化土壤。然而，这里所指的"崇文尚武"又不仅仅是古人所理解文武全才，亦非科学文化与指挥打仗的简单叠加，而是具有我军特色和时代特征的丰富内涵。

一是政治性。我军院校校园文化最显著的特征，就是具有极强的政治性，这是由我党我军的根本宗旨和性质决定的。我军是执行党的政治任务的武装集团。90多年来，我军之所以会取得如此显著的成绩，归根结底就是因为始终坚持党对军队的绝对领导，始终把铸牢军魂作为首要任务，作为我军一切建设的根本原则。习主席在全军政治工作会议上明确指出，要结合各部队传统和任务特点，以培育社会主义核心价值观和当代革命军人核心价值观为引领，找准军队文化的要根和舞台，培养官兵大无畏的英雄气概和英勇顽强的战斗作风。这一深刻论断充分指明，新形势下构建军队院校特色文化,必须坚持正确的政治方向,坚持服务部队中心任务。

二是战斗性。战斗性也是我军院校特色文化的显著特征之一,充分体现了新一代革命军人要有血性这一要求。我军院校大多始建于战争年代,因此始终传承着英勇善战的文化基因。回顾历史,不管是战争年代还是和平时期,培育战斗精神始终是军队院校特色文化构建的主旋律。院校文化的战争性特征也体现在构建特色文化的内容上,它展现了广大教员、学员积极向上的军校生活,塑造了新一代革命军人的优良形象,宣扬了我军英勇顽强的战斗作风,突显了官兵大无畏的英雄气概。习主席指出,军人血性就是战斗精神,核心是一不怕苦、二不怕死的精神。因此,打造特色校园文化,彰显大国军校的抱负胸襟和精神特质,必然饱含浓郁的兵味、军味和战斗气息。

三是时代性。军队校园文化是在长期建设实践过程中积淀形成的,是一个院校的性格所在。不同的时代要求,不同的任务目标,对院校特色文化构建提出了不同的要求。构建院校特色文化必须与时俱进,紧紧围绕各个时期的中心任务展开。长期以来,院校特色文化以其不可替代的育人功能,不断净化广大教员和学员的灵魂,为筑牢教员和学员的思想道德防线,起到了积极作用。进入新的历史时期,院校特色文化必须与时代节拍共振,与官兵的精神需要接轨,与军队的发展节奏同步。

二、“崇文尚武”是校园文化与部队文化的融合点

虽然校园文化与部队文化虽然在细节上有所不同,但总的方向是一致的,两种文化是会融合到一起的。首先,培育人才、寻求发展的目标是一致的。军队院校肩负着培养面向战场、面向部队、面向未来军事人才的使命,而部队则是人才的使用者,是院校毕业学员的归宿,部队为人才的后续成长提供广阔的空间,同时也为自战斗力的持续发展不断地积蓄着“能量”。人作为实践活动的主体,不论是在校园还是在部队都是文化形成的主宰。其次,校园文化和部队文化都是由物质文化、人文文化和制度文化组成的,除了物质文化如建筑与装备,管理规章、制度不太相同以外,人文文化同样作为校园与部队的文化代表有着极其相似的内涵。两者在精神实质、物质载体等方面有所差异,但它们在内在结构与层次上的一致性仍显而易见。文

化因素对于院校与部队两种组织而言,在管理的过程中都具有重要的意义和举足轻重的作用。这些可以使两种文化在同一平台上实现互相渗透与融通。

部队文化和校园文化有许多相通之处,两者都是围绕"管理"与"氛围",增强凝聚力和向心力,从而形成英勇顽强的精神。部队文化和校园文化还有一个非常重要的相同点,就是他们的主体都是人而不是装备,这就要求在两者的建设中要关心人、理解人、凝聚人,重视人的价值,重视人的发展,尤其要重视人的素质提高。正是因为两种文化存在着差异性和共同点,才可以取长补短,相互衔接与融合,形成具有院校和部队互动、驱动、互联的文化融合。这一融合的关节点恰恰是——"崇文尚武"。

三、双员型教员将在院校与部队文化融合中发挥重要作用

院校文化与部队文化对接,对于实现院校培养人才培养目标,促进学员毕业后迅速克服"水土不服",加快形成院校办学特色,具有重大而深远的现实意义。双员型教员由于具备参与推动校园、部队文化建设与发展的能力和素质,为此,要不断创新实践模式,积极探索院校文化与部队文化对接的有效途径,以使两者水乳交融,充分融合。

从军队院校定位来看,把学员培养成科技与军事并重的复合型人才是军队院校的培养方向,它具有应用性与开放性两个鲜明的特征。而双员型教员正是能够满足军队院校要求的教员队伍。双员型教员由于其特有的部队工作经验,进入院校后在教学、管理工作中体现出部队的管理和工作态度,从而进一步对原有的院校办学思想、管理体系、人际关系产生影响,还会影响到学员的学习兴趣、发展方向,这就相当于将部队的"文化"带到了院校;双员型教员大多是从院校毕业的,在部队工作时易将校园文化传递到部队,使部队文化与校园文化产生共鸣,而他们成为院校、部队文化融合的纽带。

院校—部队文化的交融一方面是"走出去",即积极选送专业教员到部队代职任职,增加实践经验;另一方面是"请进来",即从部队选调有丰富实践经验的干部,经过教育心理学与教学方法的学习,充实到教员的队伍中。这样一来,双员型教员在院校与部队之间的流动,会在二者之间架起一座融合的桥梁。

参 考 文 献

[1] 申继亮．教师人力资源开发与管理[M]．北京:北京师范大学出版社,2006.

[2] 连榕．教师专业发展[M]．北京:高等教育出版社,2007.

[3] 朱旭东．教师专业发展理论研究[M]．北京:北京师范大学出版社,2011.

[4] 牛津高阶英汉双解词典[M].4 版．北京:商务印书馆,1997.

[5] 李艳红．东乡族女教师生涯发展研究[D]．兰州:西北师范大学,2007.

[6] 彭小虎．社会变迁中的小学教师生涯发展[D]．上海:华东师范大学,2005.

[7] Fullman M, Hargreaves A. Teacher development and educational change[M]// Michael Fullan, Andy Hargreaves (Eds.), Teacher development and educational change. London, Washington D C: Falmer press, 1992:8-9.

[8] 周晓晔,秦巍．中学教师职业压力调查分析[J]．辽宁师范大学学报(社会科学版), 2004,27(3):69-71.

[9] Kyriacou C. Teacher Stress: Directions for Future research[J]. Educational Review, 2001, 53 (1):27-35.

[10] Maslach C, Jackson S E, Leiter M. Maslach Burnout Inventory Manual[M]. 3rd ed. Palo Alto, CA: Consulting Psychologists Press, 1996.

[11] 中国人力资源开发网．2004 年中国"工作倦怠指数"调查报告．2004. http://www.chinahrd.net/img/jlr/zt/20041206/Burnout.pdf.

[12] Farber B A. Crisis in education: Stress and burnout in the American teacher[M]. San Francisco, CA: Jossey-Bass, 1991.

[13] Pines A M. Burnout: An existential perspective[J]// Schaufeli W B, Maslach C & Marek T (Eds.), Professional burnout: Recent developments in theory and research. Washington D C: Taylor & Francis, 1993:33-51.

[14] Buunk B P & Schaufeli W B. Burnout: A perspective from socail comparison theory[J]// Schaufeli W B, Maslach C & Marek T(Eds.), Professional burnout: Recent developments in theory and research. Washington D C: Taylor & Francis, 1993:53-69.

[15] Hobfoll S E & Freedy J. Conservation of resources: A general stress theory applied to burnout [J]//Schaufeli W B, Maslach C & Marek T(Eds.), Professional burnout: Recent developments in theory and research. Washington D C: Taylor & Francis, 1993:115-129.

[16] 徐富明,朱丛书,黄文峰．中小学教师的职业倦怠与工作压力、自尊和控制点的关系研究[J]．心理学探新,2005,25(1):74-77.

[17] Capel S A. Stress and burnout in teachers[J]. European Journal of Teacher Education,1992,15(3):197-211.

[18] Maslach C,Schaufeli W B & Leiter M P. Job burnout[J]. Annual Review Psychology,2001,52:397-422.

[19] Burke R J,Greenglass E R. A longitudinal study of psychological burnout in teachers [J]. Human Relations,1995,48:187-202.

[20] Hastings R P & Brown T. Coping strategies and the impact of challenging behaviors on special educators' burnout[J]. Mental Retardation,2002,40:148-156.

[21] Chan D W & Hui E K P. Burnout and coping among Chinese secondary school teachers in Hong Kong [J]. British Journal of Educational Psychology,1995,65:15-25.

[22] Friedman I A & Farber B A. Professional self-concept as a predictor of teacher burnout [J]. Journal of Educational Research,1992,86:28-35.

[23] Villa A & calvete E. Development of the teacher self_concept evaluation scale and its relation to burnout[J]. Studies in Educational Evaluation,2001,27(3):239-255.

[24] 刘晓明,秦红芳．中小学教师的自我概念与职业倦怠的关系[J]．中国临床心理学杂志,2005,13(2):150-152.

[25] Byrne B M. The nomological network of teacher burnout:A literature review and empirically validated model[J]//Vandenberghe R & Huberman A M(Eds.),Understanding and preventing teacher burnout:A sourcebook of international research and practice. Cambridge Univercity Press,1999:15-37.

[26] Pierce C M B,Molloy G N. Psychological and biographical differences between secondary school teachers experiencing high and low levels of burnout [J]. British Journal of Educational Psychology,1990,60:37-51.

[27] Leiter M P. burnout as a crisis in self-efficacy: Conceptual and practical implications[J]. Work and Stress,1992,60:37-51.

[28] 刘晓明．职业压力、教学效能感与中小学教师职业倦怠的关系[J]．心理发展与教育,2004,20(2):56-61. Tang C S K,Au W T,Schwarzer R,et al. Mental health outcomes of job stress among Chinese teachers: Role of stress resource factors and burnout. Journal of Organizational Behavior,2001,22:887-901.

[29] Friedman I A. Self-efficacy and burnout in teaching: The importance of interpersonal-relations efficacy[J]. Social Psychology of Education,2003,6(3): 191-215.

[30] 李歆瑶．中学教师付出—回报不成比例—人生意义与职业倦怠的关系[D]．香港:香

港中文大学,2007.

[31] Kyriacou C. Teacher Stress: Directions for future research[J]. Educational Review,2001,53(1):27-35.

[32] Byrbe B M. The nomological network of teacher burnout: A literature review and empirically validated model[J] // Vandenberghe R & Huberman A M(Eds.), Understanding and preventing teacher burnout: A sourcebook of international research and practice. Cambridge: Cambridge University Press,1999:15-37.

[33] Capel S A. Stress and burnout in teachers[J]. European Journal of teacher Education,1992,15(3):197-211.

[34] Pierce C M B,Molloy G N. Psychological and biographical differences between secondary school teachers experiencing high and low levels of burnout [J]. British journal of Educational psychology,1990,60:37-51.

[35] Kyriacou C. Teacher Stress: Directions for future research[J]. Educational review,2001,53(1):27-35.

[36] Byrbe B M. The nomological network of teacher burnout: A literature review and empirically validated model[J] // Vandenberghe R & Huberman A M(Eds.), Understanding and preventing teacher burnout: A sourcebook of international research and practice. Cambridge: Cambridge University Press,1999:15-37.

[37] Friedman I A. Student behavior patterns contributing to teacher burnout[J]. Journal of Educational Research,1995,88:281-289.

[38] Jackson S E,Schwab R L,Schuler R S. Particapatuon in decision making as a strategy for reducing job-related strain[J]. Journal of Applied Psychology,1993,68:3-19.

[39] Leithwood K A,Menzies T,Jantzi D,et al. Teacher burnout:A critical challenge for leaders of restructuring schools[J]. Vandenberghe R & Huberman A M(Eds.), Understanding and preventing teacher burnout:A sourcebook of international research and practice. Cambridge: Cambridge University Press,1999:85-114.

[40] Brissie J S,Hoover-Demsey K V & bassler O C. Individual and situational contributors to teacher burnout[J]. Journal of Educational Research,1988,82:106-112.

[41] Taris T W,Van Horn J E,Schaufeli W B,et al. Inequity,burnout and psychological withdrawal among teachers: A dynamic exchange model[J]. Anxiety,Stress,and Coping,2004,17:103-122.

[42] Whitaker. The personal dimension,Managing Change in School is Buckingham[J]. Open Universiyt Perss,1993:22.

[43] 张圣超. 我国高校教学团队建设研究[D]. 成都:电子科技大学,2010.

[44] 魏传庭. 军校教员专业化发展问题与对策[J]. 管理观察,2016(28).

[45] 何茜. 综合大学教师教育发展的现实问题与路径选择[J]. 教育研究,2013(11).

[46] 赵康. 专业、专业属性即判断成熟的六条标准[J]. 教育学研究,2000 (5).

[47] 彭拥军. 教师专业化发展的背景、问题与展望[J]. 西安交通大学学报,2006(4).

[48] 潘子彦. 促进教师专业化发展机制体制的构建[J]. 继续教育研究,2016(7).

[49] 张文质. 生命化教育的责任与梦想[M]. 上海:华东师范大学出版社,2005.

[50] 陈锋,任玉彬. 实战化条件下军校师资队伍建设思考[J]. 2016(5).

[51] 侯春牧,董洪强,王亮. 军队综合大学实战化训练研究[J]. 国防科技,2014(10).

[52] 王成学,单岳春,邹本贵. 军队院校实战化教学教员队伍建设探讨[J]. 大学教育,2017,05.

[53] 田宝成. 美军模拟训练概况[J]. 沈阳炮兵学院学报,2007(1):24.

[54] 白春礼. 大数据：塑造未来的战略资源[J]. 电子政务,2017 (6) ：2 -6.

[55] 杨善林,周开乐. 大数据中的管理问题：基于大数据的资源观[J]. 管理科学学报,2015 (5) ：1-8.

[56] 张勇进,王璟璇. 主要发达国家大数据政策比较研究[J]. 中国行政管理,2014 (12) ：113-117.

[57] 心联盟. 我国地方政府大数据发展规划分析报告[EB/OL],[2018-04-01]. http：//www. dca. org. cn/content/100828. html.

[58] 姜明. 适应信息化条件下空中作战需要努力打造“双员型”飞行教官队伍[J]. 训练研究,2012,3.

[59] 李亮. 加强指挥类任职教育院校教员队伍建设[J]. 军队政工理论研究,2015,4.

[60] 高燕,李小平,弥华见. 对军校教员实战化教学能力建设的几点反思[J]. 军事人才培养 2018(7).

[61] 国卉男. 中国终身教育政策研究——基于政策文本的分析[D]. 华东师范大学,2013. 05.

[62] 魏志慧,等. 构建终身教育体系的政策、法规和制度(中国篇)[J]. 江苏开放大学学报,2016.